Para una fiesta

con muchos invitados, nada mejor que un variado bufé
bien presentado. Este libro le permitirá prepararlo todo
sin prisas y con la certeza de que sus invitados queda-
rán encantados. En sus páginas encontrará todo cuanto necesita, para obtener los mejores resultados a base
de bocaditos, pinchos, ensaladillas, canapés, dulces y
todo cuanto pueda desear el paladar más exigente; un
bufé perfecto en el que, además, podrá dar rienda
suelta a su propia fantasía.

Fotografías de Odette Teubner y Dorothee Gödert

EDITORIAL EVEREST, S. A.

Madrid • León • Barcelona • Sevilla • Granada • Valencia
Zaragoza • Las Palmas de Gran Canaria • La Coruña
Palma de Mallorca • Alicante • México • Lisboa

ÍNDICE

La base de éxito: una buena planificación

No dejar nada al azar, es fundamental para cualquier tipo de celebración, pero muy especialmente a la hora de preparar un bufé para numerosos invitados. Lo mismo da que se trate de una invitación formal, de cumpleaños, aniversario, etc, o de un simple modo de pasar unas horas agradables con su círculo de amistades. Desde la selección del menú hasta el último detalle en cuando la presentación, distribución y decoración, todo debe

prepararse sin prisas y plantearse las preguntas esenciales sobre el tiempo, el coste, el número de invitados, el espacio disponible dentro de casa o en el jardín (contando con que en caso de lluvia sus invitados tengan donde refugiarse). Aclarado todo esto, encargue las invitaciones con el día, fecha hora, lugar de celebración (dentro o fuera de la casa, salón, jardín, terraza) para que los invitados sepan a qué atenerse respecto a la ropa adecuada más o menos veraniega, de calle, de etiqueta o media etiqueta (según la ocasión). Y no olvide dejar bien

claro si la invitación incluye también a los niños. Tampoco debe faltar en la misma el consabido «ruego de confirmación de asistencia» (S.r.c.a). Confeccione una lista de todo cuanto va a necesitar y piense en las mesitas, muebles auxiliares y demás requisitos que necesitará para la presentación y decoración del bufé.

Lo que necesita para un bufé perfecto

Normalmente es suficiente con un bufé de dos o tres platos, ya que de ese modo no es necesario disponer de una vajilla especial de numerosos pizzas. Las copas puede marcarlas con lacitos de colores para que cada invitado use siempre la misma, ya sean de vino, champán o cerveza. Cerciórese de que dispone del número de accesorios suficientes, incluyendo cubiertos pinchos y demás utensilios. En los hipermercados o establecimientos del ramo existen catálogos orientativos sobre diferentes tipos de servicios completos de cristalería y cubertería para fiestas y bufés según el número de invitados. Por otra parte, ante la gran variedad de artículos de «usar y tirar» verdaderamente atractivos también pueden ser de gran ayuda, sin que por ello desmerezca en absoluto la buena presentación del conjunto decorativo. También hay

Enviar las invitaciones con antelación para poder planificarlo todo.

17/06/96

FIESTA ITALIANA

21⁰⁰

Un bufé con mesas de varios niveles, como vemos aquí sobre una base de ladrillos y tablas cubiertas con tela decorativa, da vistosidad y permite ganar espacio.

establecimientos especializados en organizar fiestas, bufés, banquetes, etc., en los que se pueden alquilar vajillas completas, encargar parte del menú o contratar personal para servir.

La decoración y distribución correctas

El espacio necesario para el montaje de la decoración y la presentación del bufé, con sus correspondientes mesitas, pequeños muebles auxiliares, carritos de servir, etc., depende, por supuesto del número de invitados. Pero no solo se trata de que haya espacio suficiente para servirse cómodamente en el recinto elegido, sino para que los invitados —como suele ocurrir— puedan formar pequeños grupos y permanecer en él charlando animadamente de pie, sin apretones, aunque haya otras salas o salones donde poder sentarse.

El bufé propiamente dicho debe concentrarse en una sola mesa (formada por la unión de varias pequeñas, si es preciso, pero bien ensambladas y dispuestas en fila o en forma semicircular). Todo debe disponerse del modo más cómodo para servirse, evitando ocupar espacios próximos al bufé con adornos complementarios (p.ej. macetas) con el fin de no interceptar el paso. En el lado izquierdo del bufé se colocan los platos. Luego, alineados de izquierda a derechas, con las correspondientes guarniciones previstas (salsas, dips, especias), los entremeses, los platos principales y la confitería (pasteles, pastas, dulces). La cubertería y las servilletas deben colocarse al final del todo. El pan y la mantequilla conviene situarlos en el centro, y la cristalería, la cubertería y las bebidas en una mesa aparte. Entre los diferentes platos deberá haber una cierta distancia para que el aspecto del bufé no resulte sobrecargado. No olvide disponer de suficientes cubitos de hielo. Los asados grandes y cualquier otro tipo de asado que hayan de ser cortados en la mesa, deben figurar en primer término. Un buen sistema para ganar espacio en la mesa, es escalonarla (puede hacerse con una base de ladrillos o baldosas cubierta con unas tablas y un mantel, tela o plástico decorativos especial para fiestas. Para ganar sitio en la mesa del bufé, también puede colocar cerca –donde no estorben–, un par de mesitas circulares con banderillas o tapas para aquellos invitados que gusten de picar algo como aperitivo antes de «pasar» al bufé.

Con cintas de varios colores, cada invitado podrá reconocer fácilmente su copa.

Porciones y cantidades

El cálculo de las cantidades necesarias para un bufé es mucho más complicado que cuando se trata de elegir un menú o un banquete. Aparte del número de invitados hay que tener en cuenta la hora en que dará comienzo y la posible duración de la fiesta. No es lo mismo una fiesta hasta altas horas de la noche que una celebración o recepción tipo cóctel a mediodía. Por otra parte tampoco conviene pasarse y que al día siguiente no sepamos que hacer con lo que haya sobrado. Un frigorífico lo suficientemente grande es siempre un buen recurso para aprovechar los restos, siempre que se haya tenido la precaución de elegir preferentemente productos especialmente adecuados para ser congelados en caso necesario, lo cual equivale a decir que los de corta duración deberán ser los menos abundantes.

En términos generales, para un cóctel puede calcularse un promedio de 6 o 10 canapés o pinchos por persona. Pero si se trata de una fiesta nocturna, será preciso, como mínimo, duplicar la cantidad. En cuanto a la variedad, mientras que en el primer caso bastarán 4 tipos diferentes de canapés, pinchos o tapas, en el segundo el surtido deberá oscilar entre 6 y 8 variantes. Si se trata de un bufé especialmente concurrido, necesitará por invitado entre 100 y 150 g de pan, 75 g de queso y de 150 a 200 g de carne o pescado (aparte de un pequeño surtido de terrinas, lletes, etc). Como mínimo deberá haber 3 tipos diferentes de ensalada (según el siguiente cálculo aproximado por persona: ensalada de hortalizas: 200 g, de carne 125 g, de patata 250 g, de arroz 75 g, de pasta 100 g). En cuanto a las bebidas, según su experiencia con respecto a las preferencias de sus invitados, deberá calcular una o una botella y media de vino o champán, uno o un litro y medio de ponche o sangría (o como alternativa, de 3 a 4 botellas de cerveza, con y sin alcohol). Tampoco deberá faltar, como mínimo, una botella de agua mineral por persona y una cantidad prudencial de zumos, refrescos, limonadas, etc., recuerde el tema de los cubitos de hielo).

La elección del surtido

La elección de los ingredientes y demás componentes del bufé es semejante a la de cualquier menú: entremeses, plato principal y postre. La única diferencia consiste en la mayor variedad y repetición de cada menú, como si se tratase de varios menús individuales. Teniendo en cuenta los diferentes gustos y preferencias de los invitados, su bufé deberá ofrecer a cada uno la posibilidad de elegir lo que más le guste. Por lo tanto, de lo que se trata es desplegar la fantasía y combinar al máximo los

ingredientes principales: carne, pescado, queso, embutidos, hortalizas, fruta y, por supuesto, mantequilla y pan. Aparte del surtido del menú propiamente dicho, debe procurarse que haya el mayor número posible de sabores: suaves, fuertes, picantes, salados, agridulces, dulces. Y como todo ello lleva su tiempo, no deje nada para última hora. Muchas de las cosas pueden prepararse la víspera de la fiesta. Al menos dos horas antes de que lleguen sus invitados, todo deberá estar listo antes de echar el último vistazo por si falta algún detalle.

Las bebidas indispensables

Como entrada, a modo de bienvenida, ofrezca una copa a sus invitados. De esa forma se establecerán más fácilmente los primeros contactos, contribuyendo así a lograr cuanto antes un agradable ambiente. Puede optarse por una copa de champán, un cóctel, un martini, un campari con un poco de cava, zumo de naranja, grosella o frambuesa; un combinado corto a base de zumo y ron.
Durante la fiesta, el vino deberá

Para mantener bien frías las bebidas puede colocarse el hielo en recipientes hondos revestidos de papel de aluminio y decorados con una cinta.

A base de canapés y tartaletas pueden combinarse diferentes sabores con apetitosos rellenos.

aceitunas, galletitas o palillos saldos, etc) con un pequeño surtido de sabrosas tapas o canapés sencillos, sabrosos y bien presentados.

Platos fríos rápidos
Complete una pequeña selección de recetas de este libro con unos cuantos platos fríos de rápida preparación, por ejemplo, a base de quesos (blandos, duros, semicurados, con especias, etc), embutidos variados, jamón, carne asada, pescado, vistosamente combinados a modo de platos o fuentes de entremeses, adornados con algunas hierbas aromáticas, hortalizas moldeadas de diferentes formas, tomates cereza, rabanitos cortados en flor, uvas o kiwis.

Galletitas saladas
Otro excelente recurso para este tipo de bufé rápido son las galletitas saladas cubiertas con paté, pasta de anchoas o simplemente con pequeñas cantidades de
• mantequilla de hierbas;
• salmón o gambas picadas con sal y pimienta de Cayena;

ser la estrella, a menos que la categoría del bufé requiera el consumo preferente de cava o champán (preferentemente blanco). Pero no conviene facilitar demasiado las mezclas de diversas bebidas. Tampoco deberán faltar las bebidas sin alcohol, agua mineral con y sin gas, zumos y refrescos (sobre todo para los conductores que prefieran evitar riesgos). El hielo (tanto en cubitos como escarchado o picado) y la posibilidad de mantener frías las bebidas es otro de los puntos claves que, entre otras cosas, exigen disponer de suficiente espacio en algún lugar de fácil

acceso. Algunos establecimientos de hostelería o incluso las gasolineras, suelen suministrar a domicilio hielo y recipientes adecuados para fiestas particulares (ver páginas amarillas).

Ideas y soluciones rápidas

A veces surge inesperadamente la necesidad de organizar una fiesta a toda prisa que, a pesar de todo no carezca de un cierto toque personal. Para ello lo mejor es combinar los productos de compra especiales para aperitivos (frutos secos,

En los establecimientos del ramo puede adquirir toda una serie de moldes, cortapastas, boquillas y demás utensilios sumamente prácticos para crear vistosas formas y adornos.

• almendras tostadas finamente picadas y perifollo;

• semillas de sésamo con pimienta de Cayena;

• fresas, frambuesas, grosellas o arándanos con nata montada.

Pequeños canapés

Utilizando productos en lata o envasados, le resultará fácil preparar pequeños canapés sobre fondo de:

• minibiscotes o margaritas;

• panecillos tostados;

• pan integral tostado moldeados en triángulos, cuadraditos, estrellas;

Aparte de los citados productos de lata, pueden utilizarse también rodajas de pepino, zanahoria cocida, bolitas de patata cocida, champiñones, corazones de alcachofas (de lata), huevos cocidos o dadidos de queso.

Otras sugerencias:

• Ensaladilla de gambas con daditos de Mozzarella sobre medianoches adornadas con albahaca y tomatitos cereza cortados.

• Sombreros de champiñón o rodajas de patata precocida con una masa de mermelada de naranja, Madeira y hierbas picadas aplicada con manga pastelera de boquilla rizada.

• Discos de pasta de pizza con tomate concentrado, daditos de salami (o jamón), con tomillo y Mozzarella, horneados y crujientes.

• Fondos de alcachofas (de lata) rellenos de verduras

congeladas, cocidas y aliñadas con vinagre, aceite, cebollino, sal y pimienta.

También se come con la vista

Aparte de las exquisiteces seleccionadas para su bufé, presentación y los detalles decorativos son tan importantes como los propios componentes. Olvídese de aquellos enormes bandejas repletas de canapés sofisticados, mezclados con todo tipo de tapas, embutidos y demás variaciones y póngalo todo atractivamente repartido ante un fondo decorativo, a poder ser de un sólo color, con sencillos adornos: lazos de cintas de regalo, velitas de colores discretos, flores en pequeños floreros), en fin, todo lo que le dicte su propia fantasía y su buen gusto.

Para los alimentos propiamente dichos, deberá disponer de fuentes y platos de diferentes tamaños. A veces con una simple bandeja de horno forrada de papel de aluminio (sobre todo si es de color rojo o azul) permite presentar atractivamente diferentes tipos de entremeses o canapés También la colocación de los platos, bandejas o tablas es un factor importante. Por ejemplo, en filas diagonales, paralelas, o semicirculares con algún detalle decorativo intermedio.

La variedad de formas obtenidas con ayuda de los

utensilios adecuados (véase la fotografía de la página 9) es también importantísima y fácil de realizar. Incluso los cubitos de formas diferentes pueden servir de decoración. Las rodajas o adornos de fruta deben ser de productos que n[o] se oscurezcan en el curso de l[a] fiesta (como por ejemplo, manzanas, peras o plátanos). Kiwis, carambolas, naranjas, mandarinas son los frutos más indicados para tal fin.

Detalles importantes

Una vez ultimados todos los preparativos, tómese todo el tiempo que considere necesari[o] antes de que llegue la hora prevista para el comienzo de l[a] fiesta y cerciórese de que no h[a] olvidado ningún detalle ni de que nada se le ha pasado por alto.

• ¿Habrá mesas y sillas suficientes? Aún contando con que los invitados no siempre v[an] a permanecer sentados, conviene tener previstos diferentes tipos de asientos auxiliares para que en caso d[e] necesitad, tener cubiertas toda[s] las posibilidades.

• ¿Dónde guardará o esconderá los platos, bandeja[s] vasos, cubiertos, etc., que ya n[o] se necesiten?. Precisará recogerlos con prontitud y discrección para evitar molesti[as] a sus invitados.

• ¿Habrá suficientes papelera[s] ceniceros? Debemos evitar la

a resaltar su presentación y compaginar mejor los sabores, coloque juntos los platos de queso y embutido.

nsación de agobio de
estros invitados a la hora de
ar un papel o una colilla y no
contrar donde hacerlo, y
demás evitaremos tener el
elo lleno de restos.
En caso necesario,
dispondrá de algún recurso
ara quitar manchas o eliminar
osibles derramamientos de
quidos?
¿Tendremos todo dispuesto
ara el café? (tazas, café,
usiones, azúcar, sacarina).
¿Y los cubitos de hielo?
segúrese de que no faltarán en
ngún momento (recuerde las
entajas de las bolitas de

plástico para congelar o de las
bolsas de congelación que
puede preparar previamente)

Propuesta para un gran bufé

Para un bufé de
aproximadamente 25 invitados
puede servir de orientación el
siguiente ejemplo:
Para la recepción, disponga en
las diferentes estancias un
número suficiente de bandejas
con entremeses variados. Por
ejemplo, banderillas de tortellini,
Wan-Tangs de pollo, pinchos
de gambas, el albondigón con

capa de bacon, los rilletes de
con espárragos y dos
ensaladeras grandes (p. ej. con
ensalada de mijo y kiwi, o de
gambas y fideos finos).
En cuanto a los dulces, puede
optar por las variaciones de
ruibarbo o por 2 o 3 postres de
su elección.

Minicanapés con crema de Sajonia

Ingredientes para 20 canapés:
150 g de carne de Sajonia
en lonchas
150 g de queso fresco
de doble crema
3 cucharadas de jerez
Pimienta negra recién molida
50 g de uvas negras
4 cucharadas de pistachos
pelados
20 mini-biscotes (o 20 discos
de pan negro de Wesfalia)

Refinada

Cada canapé contiene:
270 kj/65 kcal · 3 g de
proteínas · 4 g de grasa · 3 g
de hidratos de carbono

- Tiempo de preparación:
  40 minutos

1. Trocear la carne de Sajonia
y hacer con ella y el queso un
puré en la mezcladora. Añadir
el jerez y sazonar la crema con
pimienta.
2. Lavar las uvas, secarlas,
cortarlas a la mitad y sacar las
pepitas. Luego cortarlas en
gajos. Picar los pistachos de
forma gruesa.
3. Rellenar la crema en una
manga pastelera con boquilla
de estrella pequeña y adornar
con ella los biscootes. Decorar
con las uvas y los pistachos.

Solomillo de liebre con queso al Calvados

Ingredientes para 18 canapés:
2 solomillos de liebre
(unos 300 g)
1 cucharadita de bayas
de enebro
Pimienta negra recién molida
2 cucharadas de piñones
4 cucharadas de aceite
Sal, 75 g de Roquefort
25 g de mantequilla blanda
2 cucharadas de Calvados
1/2 cajita de berros
6 rebanadas de pan de molde
(unos 250 g, aunque sólo se
utilizará 150 g)

Festiva

Cada canapé contiene:
390 kj/95 kcal · 5 g de
proteínas · 6 g de grasa · 4 g
de hidratos de carbono

- Tiempo de preparación:
  45 minutos

1. Lavar y secar la carne.
Triturar las bayas de enebro,
frotar con ellas los solomillos y
sazonarlos con pimienta.
2. Tostar los piñones en una
sartén sin grasa y reservarlos en
un plato.
3. Calentar en esa misma sartén
2 cucharadas de aceite y sofreír
los solomillos a fuego fuerte

hasta que estén bien dorados
Salarlos, reducir el calor y seg
friéndolos 8 minutos más.
Sacarlos de la sartén y
enfriarlos.
4. Hacer un puré con el
Roquefort, la mantequilla y el
Calvados. Sazonar la masa c
pimienta y rellenarla en una
manga pastelera con boquilla
grande de estrella.
5. Cortar los solomillos en file
de 2 cm de grueso y adornar
con la crema de Roquefort y l
piñones. Lavar los berros.
6. Recortar de las rebanadas
de pan unos discos del tamañ
de los filetes. Calentar en la
sartén el resto de aceite y freír
los discos de pan por ambos
lados hasta que estén crujiente
Sacarlos y escurrirlos sobre
papel de cocina. Colocar
encima los medallones de car
y decorar el plato con los
berros.

Sugerencia

La crema puede prepararse e
día antes. Se mete tapada al
frigorífico durante toda la
noche, y al día siguiente se
trabaja un poco con la
batidora.

En la parte inferior: minicanapés c
crema de Sajonia
En la parte superior: solomillo de
liebre con queso al Calvados

Banderillas de tortellini

Ingredientes para 35 banderillas:

Sal

100 g de tortellini

150 g de pechuga de pavo

1 cucharada de aceite vegetal

Pimienta negra recién molida

100 g de tomates cereza

1/2 ramillete de albahaca

2 cucharadas de vinagre balsámico

4 cucharadas de aceite de oliva

35 palillos largos para las banderillas

Fácil

Cada banderilla contiene:
120 kj/30 kcal · 1 g de proteínas · 2 g de grasa · 2 g de hidratos de carbono

- Tiempo de preparación: 40 minutos

1. Hervir agua abundante con sal y cocer los tortellini «al dente». Escurrirlos en un colador previamente pasados por agua fría.
2. Lavar la carne con agua fría, secarla y cortarla en trocitos del tamaño de los tortellini. Calentar el aceite vegetal en una sartén y saltear los trocitos de carne 3 o 4 minutos. Sacarlos de la sartén y salpimentarlos.
3. Lavar los tomates y, según el tamaño, cortarlos a la mitad o

en cuartos. Lavar la albahaca, escurrirla sacudiéndola y picar finamente las hojitas. Batir el vinagre con la sal y la pimienta, añadir la albahaca y finalmente el aceite y mezclarlo bien.
4. Pinchar en cada palillo 2 tortellini, 1 trozo de carne y 1 tomate. Disponerlos en un plato grande o fuente y rociarlos con la vinagreta de albahaca.

Variante:
Pueden añadirse a las banderillas bolitas de queso Mozzarella o pequeños trocitos de Mozzarella.

Pinchos de gambas

Ingredientes para 25 pinchos:

1 calabacín mediano (unos 200 g)

80 g de gambas cocidas y peladas

1 cucharadas de vinagre balsámico

1 cucharada de zumo de limón

1 cucharadita de eneldo picado

Sal

Pimienta negra molida

1 pizca de cúrcuma

2 cucharadas de aceite de oliva

25 palillos

Aceite para freír

Festiva

Cada pincho contiene:
120 kj/30 kcal · 1 g de

proteínas · 3 g de grasa · 0 g de hidratos de carbono

- Tiempo de preparación: 40 minutos

1. Lavar el calabacín, cortar los extremos y luego, sin pelarlo, cortarlo en rodajas finas con la media luna. Lavar y secar las gambas.
2. Doblar en el centro 2 rodajas de calabacín, colocar 1 gamba en la abertura y clavarlos en un palillo.
3. Calentar aceite abundante en una sartén de borde alto. Freír los pinchos durante 1/2 minuto teniendo un poco de cuidado, ya que el aceite chisporrotea al freírlos. Sacarlos con una espumadera y escurrirlos sobre papel de cocina.
4. Mezclar bien el vinagre con el zumo de limón, el eneldo, sal, pimienta y la cúrcuma y finalmente añadir el aceite batiéndolo. Rociar los pinchos con el aliño y dejar reposar un momento antes de servirlos.

En la parte inferior: banderillas de tortellini
En la parte superior: pinchos de gambas

Wan-Tans de pollo

Las láminas de Wan-Tan pueden adquirirse congeladas en establecimientos asiáticos o en supermercados bien surtidos.

Ingredientes para 25 empanadillas:

20 g de setas Tongu (en establecimientos asiáticos)

1 diente de ajo

1 trocito de jengibre fresco (del tamaño de una nuez)

2 cucharadas de salsa de soja

1 cucharada de vinagre de arroz

Pimienta negra recién molida

1/2 cucharadita de cúrcuma

100 g de filetes de pechuga de pollo

25 láminas de Wan-Tan (discos de pasta; unos 100 g)

2 cebolletas

1 cucharada de aceite

Aceite para freír

Refinada

Cada rollito:
110 kj/25 kcal · 1 g de proteínas · 1 g de grasa · 1 g de hidratos de carbono

- Tiempo de preparación: 50 minutos
- Marinado: 1 hora

1. Rociar las setas con agua caliente y reservarlas. Pelar el ajo y el jengibre, picarlos finamente y mezclarlos con la salsa de soja, el vinagre de arroz, pimienta y cúrcuma. Lavar la carne, secarla, cortarla en trocitos menudos y dejarla 1 hora en la marinada.

2. Mientras descongelar los discos de Wan-Tan tapándolos con un paño de cocina. Lavar las cebolletas, secarlas y cortarlas en aros muy finos. Escurrir las setas y picarlas retirando los rabillos duros.

3. Calentar el aceite en una sartén y rehogar las setas, las cebolletas y la carne con el jugo de la marinada durante 1 minuto solamente. Sacarlo a una fuente y calentar el aceite para freír.

4. Humedecer con un pincel los bordes de los discos de pasta, poner en cada uno 1 cucharadita de relleno y doblar hacia adentro los dos extremos, luego enrollarlos presionando el final. Freírlos hasta que estén dorados.

Rollitos picantes de sésamo

Ingredientes para 20 rollitos:
200 g de hojaldre congelado
200 g de jamón cocido
70 g de queso de barra
1/2 ramillete de cebollino
Pimienta negra recién molida
1 yema de huevo
Curry en polvo
3 cucharadas de semillas de sésamo peladas
Harina para estirar la masa
Papel de repostería

Económica

Cada rollito contiene:
360 kj/90 kcal · 3 g de proteínas · 6 g de grasa · 5 g de hidratos de carbono

• Tiempo de preparación: 1 1/4 horas

1. Descongelar el hojaldre colocando las placas una al lado de otro. Precalentar el horno a 200 ºC y revestir la placa de horno con el papel. Cortar en daditos el jamón y el queso.

2. Lavar y secar el cebollino, picarlo y mezclarlo con el jamón y el queso. Sazonar la mezcla con abundante pimienta.

3. Estirar las placas de hojaldre sobre una superficie enharinada y dejarlas finas. Cortarlas en cuadrados de 9 cm y poner en el centro 1 cucharadita del relleno de jamón y queso.

4. Enrollarlos y cerrar los extremos como si fuera un caramelo. Disponerlos en la placa y pintarlos con una mezcla de yema de huevo con 1 cucharada de agua o un poco de Curry. Espolvorearlos con sésamo y cocerlos en el centro del horno durante 25 minutos.

Canapés de ensalada de queso

Ingredientes para 30 canapés:
200 g de queso Gouda semi-curado, cortado en lonchas
100 g de rabanitos
1 cebolla pequeña
2 cucharadas de aceite de oliva
Sal
Pimienta negra recién molida
5 rebanadas de pan de pueblo
1 ramillete de cebollino

Económica
Rústica

Cada canapé:
190 kj/45 kcal · 2 g de proteínas · 3 g de grasa · 3 g de hidratos de carbono

• Tiempo de preparación:
45 minutos

1. Cortar el queso en bastoncitos finos, limpiar y lavar los rabanitos, cortarlos en lonchitas y luego en tiras.
2. Pelar la cebolla, picarla fina y mezclarla con los rabanitos y el queso. Añadir el aceite y sazonar con sal y pimienta. Mantener tapado en el frigorífico por espacio de 2 o 3 horas.
3. Cortar cada rebanada de pan en 6 cuadraditos y repartir la ensalada por encima. Lavar y secar el cebollino, picarlo y esparcirlo sobre los canapés.

Triángulos multicolores

Ingredientes para 65 canapés:
2 pimientos rojos
Sal
100 g de mantequilla blanda
100 g de Quark (queso fresco con 20% de materia grasa)
Pimienta negra recién molida
1 ramillete grande de hierbas variadas (cebollino, perejil, eneldo y perifollo)
2 cucharadas de queso Parmesano recién rallado
100 g de aceitunas negras
3 filetes de anchoa
1 diente de ajo
2 cucharadas de aceite de oliva
1 pan blanco de molde
1/2 cajita de berros
1 cucharada de alcaparras pequeñas

Económica

Cada canapé:
190 kj/45 kcal · 1 g de proteínas · 3 g de grasa · 4 g de hidratos de carbono

• Tiempo de preparación:
1 hora

1. Lavar los pimientos, cortarlos a la mitad y sacar las semillas y pieles interiores. Cortar una mitad en pequeños rombos y reservarlos. Picar el resto y cocerlo 10 minutos en un poco de agua de sal. Escurrirlo y dejar que enfríe. Triturarlo en la mezcladora y pasar el puré obtenido por un colador fino.
2. Mezclar bien el puré de pimiento con la mitad de la mantequilla y la mitad del ques fresco. Sazonar la masa con sc y pimienta.
3. Lavar las hierbas, escurrirlas y picarlas retirando los tallos gruesos. Mezclarlas con el Parmesano, el resto de mantequilla y el resto de queso. Salpimentar al gusto.
4. Deshuesar las aceitunas. Lavar las anchoas con agua frí y pelar el ajo. Hacer con todo un puré en la mezcladora añadiendo el aceite de oliva. Sazonar la crema con pimienta y poca sal.
5. Cortar el pan de molde en 4 o 5 rebanadas diagonales. Extender en ellas las diferentes cremas y luego cortarlas en triángulos.
6. Lavar los berros y arrancar las hojitas. Adornar los triángulos de crema de pimiento con trocitos de pimiento, los de crema de hierbas con berros y los de aceitunas con alcaparras

Sugerencia

Estas cremas pueden prepararse el día anterior.

En la parte inferior: canapés de ensalada de queso
En la parte superior: triángulos multicolores

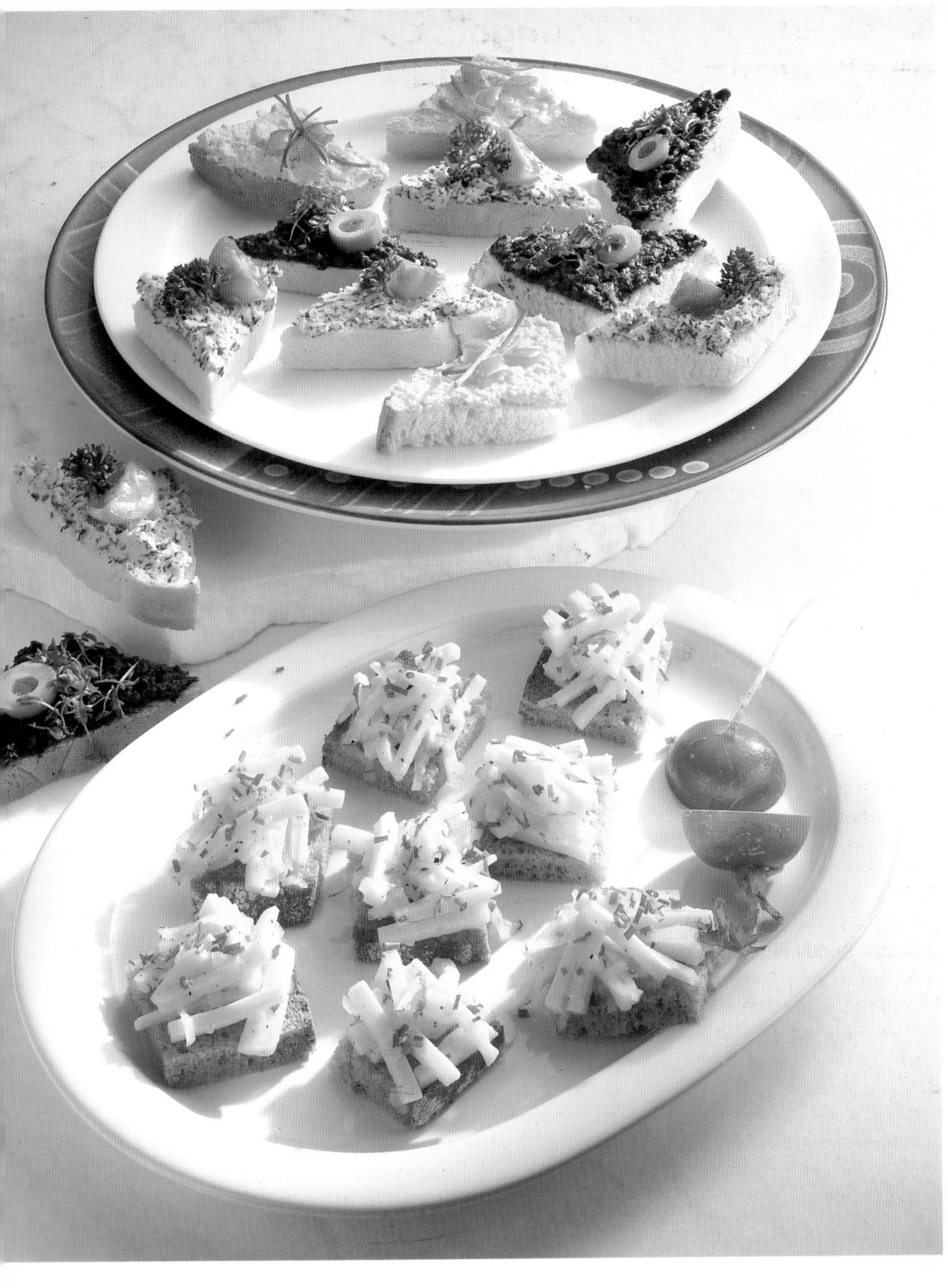

Blinis

Ingredientes para 24 blinis:

2 huevos

100 ml de agua mineral

30 g de harina de trigo

50 g de harina de trigo alforfón

Sal, 1 ramillete de eneldo

1 cucharada de mantequilla

3 hojas de gelatina blanca

200 g de manteca

Pimienta blanca recién molida

1 lima

50 g de caviar de trucha

Refinada
Preparar el día anterior

Cada blini contiene:
240 kj/57 kcal · 2 g de
proteínas · 4 g de grasa · 3 g
de hidratos de carbono

- Tiempo de preparación:
  1 hora (descontando 30
  minutos de reposo)
- Enfriado:
  4 horas por lo menos, o toda
  la noche

1. Batir los huevos con el agua
mineral, las dos clases de
harina y 1 cucharadita de sal
hasta obtener una masa suave.
Dejar reposar 30 minutos para
que leve.

2. Hacer con la masa tres
crepés en una sartén
antiadherente añadiendo para
cada crepé un poco de
mantequilla. Colocar los crepes
uno encima de otro, taparlos
con un paño y dejarlos enfriar.

3. Mientras remojar la gelatina
5 minutos en agua fría.
Introducirla bien mojada en un
cazo y desleirla a fuego lento.
Mezclarla luego con la
manteca.

4. Lavar y secar el eneldo y
picarlo muy fino sin añadir los
tallos gruesos. Añadirlo a la
gelatina y remover. Sazonar la
masa con pimienta, cáscara
rallada de lima, unas gotas de
zumo de lima y un poco de sal.
Enfriar la masa hasta que esté
gelatinosa.

5. Poner los crepes uno al lado
de otro, remover de nuevo la
masa y untar con ella los dos
tercios del crepe.

6. Extender el caviar sobre el
tercio restante y enrollar
cuidadosamente los crepes y
envolverlos en papel de
aluminio. Enfriarlos en el
frigorífico 4 horas por lo menos,
o durante toda la noche.

7. Antes de servirlos cortar los
crepes en rollitos de 2 cm de
grueso y disponerlos en una
fuente.

Bocaditos de higo

Ingredientes para 40 bocaditos

10 higos frescos, grandes

75 g de jamón serrano, cortado
en lonchas finas

75 g de queso Mascarpone

Sal

Pimienta negra recién molida

Un poco de cáscara rallada
de limón

40 pistachos pelados

Rápida
Fácil

Cada bocadito contiene:
87 kj/21 kcal · 1 g de
proteínas · 1 g de grasa · 2 g
de hidratos de carbono

- Tiempo de preparación:
  20 minutos

1. Frotar los higos con un paño
y cortarlos en cuartos. Cortar el
jamón en trozos y disponerlo en
el centro de la fuente de forma
decorativa.

2. Remover el Mascarpone y
sazonarlo con sal, pimienta y
cáscara rallada de limón.
Rellenar la masa en una manga
pastelera, y decorar con ella los
higos.

3. Adornar los copetes de
queso con un pistacho.

En la foto superior: rollitos de blinis
En la foto inferior: bocaditos de higo

Tomates cereza rellenos

Ingredientes para 35 tomates:
Sal

30 g de pasta de sopa
en forma de estrella

1/2 ramillete de albahaca

40 g de queso Mozzarella

4 cucharadas de piñones

Pimienta negra recién molida

500 g de tomatitos cereza

Para acompañar con champán
Preparar el día anterior

Cada tomate:
60 kj/15 kcal · 1 g de proteínas · 1 g de grasa · 1 g de hidratos de carbono

- Tiempo de preparación:
40 minutos

1. Hervir agua con sal y cocer la pasta de sopa «al dente». Verterla en un colador, pasarla por agua fría y escurrirla bien.
2. Lavar y secar la albahaca, reservar unas hojitas para la decoración y picar el resto.
3. Cortar el Mozzarella en dados finos, tostar los piñones en una sartén sin grasa, reservar 35 para el adorno y picar el resto de forma gruesa.
4. Mezclar la albahaca picada con el Mozzarella, los piñones picados y la pasta de sopa. Sazonar todo con sal y pimienta.

5. Lavar los tomates y quitarles los rabillos. Cortarles una tapa en la parte superior y vaciarlos. Rellenarlos con la mezcla y decorarlos con los piñones y las hojitas de albahaca.

Sugerencia

Se puede cocer la pasta de sopa el día anterior o también preparar el relleno completo.

Albondiguillas de escanda

Ingredientes para 30 albondiguillas:

1 zanahoria pequeña

1 cebolla pequeña

5 cucharadas de aceite

150 g de escanda triturada gruesa

300 ml de caldo suave de verdura

1 cucharada de hojas de tomillo fresco o 1 cucharada de tomillo seco

1 huevo

Sal

Pimienta negra recién molida

200 g de queso Gouda semicurado, cortado en lonchas de 1/2 cm de grueso

125 g de tomatitos cereza

Pinchos de madera o plástico

Integral
Económica

Cada pincho contiene:
260 kj/62 kcal · 3 g de proteínas · 4 g de grasa · 2 g de hidratos de carbono

- Tiempo de preparación:
1 1/4 horas

1. Pelar la zanahoria y la cebolla y picarlas menudas. Calentar 1 cucharada de aceite en una cazuela y rehogar las verduras 2 minutos a fuego suave removiendo continuamente.
2. Añadir la escanda y rehogarla ligeramente. Mojar con el caldo y añadir el tomillo. Cocer tapado 20 minutos a fuego sumamente suave.
3. Dejar enfriar un poco la masa, mezclarla con el huevo y sazonar abundantemente con sal y pimienta. Formar con ella unas albondiguillas del tamaño de una nuez. Calentar el resto de aceite en una sartén grande y freír las albondiguillas hasta que estén doradas.
4. Cortar el queso en cuadrados de 1 cm de grueso, lavar los tomates y cortarlos a la mitad.
5. Picar en los pinchos una albondiguilla, medio tomatito y un trozo de queso y servir en una fuente.

En la parte inferior: albondiguillas escanda
En la parte superior: tomates cereza rellenos

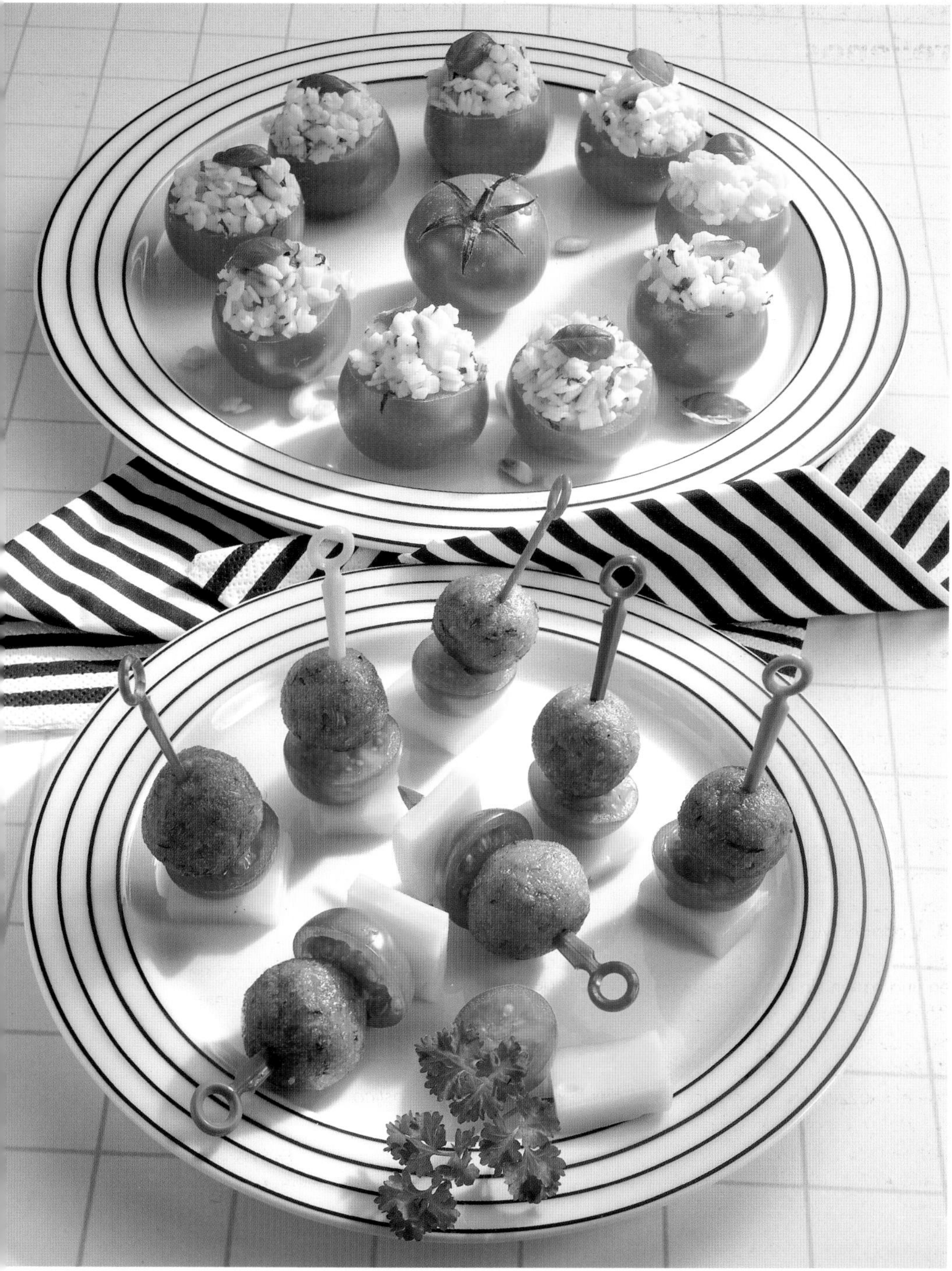

Tortitas de cebolla

Ingredientes para 35 tortitas:
200 g de cebollas
40 g de bacon
1 huevo
60 g de crema fresca
2 cucharaditas de tomillo seco
Sal
Pimienta negra recién molida
300 g de masa de levadura fría
Harina para estirar la masa
Papel de repostería para la placa de horno

Fácil

Cada tortita contiene:
170 kj/40 kcal · 1 g de proteínas · 2 g de grasa · 4 de hidratos de carbono

• Tiempo de preparación:
  40 minutos

1. Preparar el horno a 225 ºC y revestir la placa con papel de repostería.
2. Pelar las cebollas y picarlas finamente. Picar también el bacon y sofreírlo a fuego medio en una sartén, añadir la cebolla picada y glasearla a fuego suave sin dejar de remover.
3. Mezclar bien el huevo con la crema fresca, el tomillo, sal y pimienta.
4. Estirar la masa con el rodillo sobre una superficie enharinada ligeramente hasta que tenga un espesor de 3 o 4 mm. Con ayuda de una taza o vaso recortar unos discos de la masa, con un diámetro de 5 cm. Formar en cada disco un borde estrecho.
5. Repartir el relleno de cebolla en los discos de masa y rociarlos con el batido de crema y huevo. Hornearlos en el centro del horno durante 15 minutos.

Rollitos de jamón y lechuga

Ingredientes para 30 rollos:
100 g de jamón cocido
100 g de queso fresco de doble crema
100 g de crema fresca
Pimienta blanca recién molida
Sal
1 cucharada de jerez (al gusto)
2 hojas de gelatina blanca
1 lechuga
250 g de pan blanco de pueblo

Refinada

Cada rollo contiene:
210 kj/50 kcal · 2 g de proteínas · 3 g de grasa · 4 g de hidratos de carbono

• Tiempo de preparación:
  45 minutos
• Enfriado: 3 horas

1. Cortar en pequeños dados un tercio del jamón

2. Triturar el resto del jamón hasta obtener un puré, mezclar con el queso y la crema fresca, sazonarlo con sal y pimienta y, al gusto perfumar la mezcla con el jerez. Incorporar finalmente los daditos de jamón.
3. Remojar la gelatina según las instrucciones del envase, sin escurrirla ponerla en una cazuela pequeña, desleirla a fuego lento y luego incorporarla a la crema de jamón.
4. Lavar bien la lechuga y escurrirla. Colocar dos hojas, una encima de otra, y secarlas cuidadosamente con papel de cocina. El resto de lechuga utilizarlo para adornar otros platos.
5. Extender la crema de jamón sobre las hojas de lechuga dejando un grueso de 1/2 cm; enrollarlos con cuidado, envolverlas en papel transparente de cocina y meter los rollitos al frigorífico por espacio de 3 horas.
6. Desenvolver los rollitos y cortarlos en rodajas de 1 cm de grueso. Cortar de las rebanadas de pan unos discos del tamaño de los rollitos de lechuga y colocar éstos encima.

En la parte inferior: rollitos de jamón y lechuga
En la parte superior: tortitas de cebolla

Mousse de salmón con espárragos

Ingredientes para 8 personas:

500 g de espárragos trigueros

Sal, pimienta blanca molida

2 cucharadas de mantequilla

400 g de filetes de salmón

8 hojas de gelatina blanca

250 g de nata

Festiva
Preparar el día anterior

Por persona:
950 kj/230 kcal · 14 g de
proteínas · 19 g de grasa · 2 g
de hidratos de carbono

- Tiempo de preparación:
  1 1/4 horas
- Enfriado:
  Por lo menos 2 horas, o mejor
  toda la noche

1. Lavar los espárragos, pelar el
tercio inferior y cortar el extremo
final. Poner 1/4 de l de agua

con sal en una cazuela, añadir
las peladuras y recortes de los
espárragos y cocer tapado 15
minutos. Colar el caldo y
reservarlo.

2. Cortar los espárragos a la
mitad, y las mitades inferiores en
rodajitas finas. Hervir de nuevo
el caldo de los espárragos y
cocer en él los espárragos,
tapados, unos 5 minutos
aproximadamente. Escurrirlos y
reservar el caldo.

3. Lavar el salmón y cortarlo en
rodajas de 1 cm de grueso.
Salpimentar al gusto. Poner el
caldo de espárragos en una
cazuela ancha y hervirlo.
Introducir las rodajas de salmón
y hervirlas tapadas 5 minutos a
fuego muy suave.

4. Escurrirlas luego en un
colador y reservar el caldo.
Triturarlas haciendo un puré,
ponerlo en un cuenco y
sazonarlo con sal y pimienta.
Puede sazonarse un poco
picante, ya que la masa tendrá
un sabor más suave al mezclarla
con la nata y la gelatina.

5. Remojar la gelatina en agua
fría según las instrucciones del
envase.

6. Reducir a fuego fuerte el
caldo de cocer los espárragos y
el pescado hasta obtener 5
cucharadas aproximadamente.
Retirarlo del fuego, añadir la
gelatina, disolverla lentamente y
añadir todo despacio a la farsa
de pescado sin dejar de
remover. Tapar y enfriarlo en el
frigorífico.

7. Cuando la masa comience a

espesar y a tener un punto
gelatinoso añadirle, poco a
poco, la nata montada a punto
firme. Incorporar con cuidado
los espárragos cortados en
trocitos. Enjuagar con agua fría
un cuenco o un bol de un
tamaño apropiado, colocar en
el fondo las puntas de
espárrago en forma de estrella
verter lentamente por encima la
farsa de salmón. Tapar el bol y
meterlo 2 horas al frigorífico, o
mejor aún, durante la noche.
Para servirlo introducir el bol en
agua caliente durante unos
segundos y volcarlo en una
fuente.

Sugerencia

Cuando pase la temporada
de los espárragos hágalo con
brécol. El mousse de salmón
puede hacerse también sin
verdura. Para hervir el salmón
utilice un fondo de pescado.
Por lo demás la preparación
es la misma.

Una mousse de salmón como ésta
ofrece tres ventajas ya que además
de decorativa es exquisita y puede
prepararse con suficiente antelació

Eglefino marinado

Ingredientes para 8 personas:

1 kg de filetes de eglefino

Sal, pimienta blanca molida

200 ml de fondo de pescado (ya preparado)

8 cucharadas de aceite

6 cucharadas de vinagre de vino blanco

1 manojo de cebollino

75 g de aceitunas rellenas de pimiento

4 tomates (400 g)

Refinada

Por persona:
860 kj/200 kcal · 23 g de proteínas · 12 g de grasa · 2 g de hidratos de carbono

- Tiempo de preparación:
  45 minutos
- Marinado: 2 horas

1. Lavar el pescado, secarlo y cortarlo en rodajitas diagonales de 1/2 cm de grueso. Sazonar con sal y pimienta.

2. Hervir en una cazuela ancha el fondo de pescado, el aceite y el vinagre, retirar del fuego y colocar dentro las rodajitas de pescado una al lado de otra. Poner de nuevo al calor y hervir tapado 4 minutos a fuego medio. Enfriar el pescado en el mismo caldo.

3. Lavar el cebollino y picarlo, cortar las aceitunas en rodajitas

y cortar los tomates, previamente lavados, en dados finos.

4. Sacar el pescado con una espumadera, disponerlo en una fuente, esparcir por encima los tomates y las aceitunas y espolvorear con el cebollino. Rociarlo con el caldo y servir.

Aspic de solomillo con crema a las finas hierbas

Ingredientes para 10 personas:

6 hojas de gelatina blanca

400 ml de fondo de setas o de novillo (ya preparado)

10 filetes de solomillo de novillo, de 1 cm de grueso (unos 500 g)

100 ml de vino de Madeira

Sal

Pimienta blanca recién molida

Unas gotas de Tabasco

1 ramillete de perejil

1 ramillete de cebollino

250 g de Quark (queso fresco)

250 g de yogur

100 ml de leche

Festiva
Rápida

Por persona:
560 kj/150 kcal · 15 g de proteínas · 7 g de grasa · 3 g de hidratos de carbono

- Tiempo de preparación:
  20 minutos
- Gelatinado: Durante la noche

1. Remojar la gelatina en agua fría según las instrucciones del envase.

2. Hervir el fondo de carne en una cazuela ancha. Lavar la carne, introducirla en el fondo y retirar la cazuela del fuego. Dejar reposar 5 minutos, sacar con una espumadera y disponer los filetes de forma escalonada.

3. Calentar de nuevo el fondo y desleír en él la gelatina un poco exprimida. Agregar el Madeira y sazonar con sal, pimienta y Tabasco. Dejar templar y rociar con ello la carne.

4. Añadir al caldo unas hojitas de perejil, tapar la fuente y meter al frigorífico durante la noche hasta que cuaje.

5. Lavar y escurrir el resto del perejil y el cebollino, picarlos y mezclarlos con el queso fresco, el yogur y la leche. Salpimentar al gusto y servirlo en salsera aparte acompañando a la carne.

En la parte inferior: aspic de solomillo con crema a las finas hierbas.
En la parte superior: eglefino marinado

Brochetas de pollo y ciruelas

Ingredientes para 10 brochetas:

250 g de ciruelas pasas

1/4 de l de vino blanco seco (o de zumo de manzana)

150 g de bacon en lonchas finas

500 g de pechuga de pollo

Pimienta negra recién molida

Cilantro molido

10 brochetas de metal o 10 pinchos de madera

4 cucharadas de aceite

Fácil

Cada brocheta:
1100 kj/260 kcal · 13 g de proteínas · 14 g de grasa · 15 g de hidratos de carbono

● Tiempo de preparación: 40 minutos

1. Deshuesar las ciruelas y ponerlas en una cazuelita, rociarlas con el vino o zumo y dejar que se cuezan tapadas 5 minutos a fuego medio.
2. Escurrirlas y enfriarlas un poco. Cortar las lonchas de bacon a la mitad y envolver en ellas las ciruelas.
3. Lavar la carne con agua fría, secarla y cortarla en trocitos. Sazonar con pimienta y cilantro.
4. Preparar las brochetas pinchando una ciruela envuelta y un trocito de pechuga hasta llenar los pinchos.

5. Calentar el aceite en una sartén y freír las brochetas todo alrededor unos 10 minutos.

Albondigón con capa de bacon

Ingredientes para 8 o 10 personas:

2 panecillos del día anterior

1 cebolla

1 cucharada de aceite

4 dientes de ajo

2 cucharaditas de orégano seco

75 g de aceitunas deshuesadas

800 g de carne picada (ternera y cerdo a partes iguales)

3 huevos

Sal

Pimienta negra recién molida

200 g de bacon en lonchas finas

150 g de queso suave de oveja

Preparar el día anterior
Rústica

Para 10 personas, cada porción:
1800 kj/430 kcal · 25 g de proteínas · 36 g de grasa · 3 g de hidratos de carbono

● Tiempo de preparación: 1 1/2 horas

1. Cortar los panecillos en rebanadas, ponerlas en un cuenco y remojarlos con agua

caliente, para que ablanden.
2. Pelar la cebolla y picarla fina. Calentar el aceite en una sartén y glasear a fuego medio. Pelar los ajos, añadirlos a la cebolla y rehogarlos. Espolvorear con el orégano y dejar enfriar la mezcla unos minutos.
3. Picar las aceitunas, exprimir bien el pan y mezclar ambas cosas con la cebolla, la carne picada y los huevos. Sazonar todo con sal y pimienta.
4. Precalentar el horno a 225 °C. Extender sobre la superficie de trabajo dos trozos largos de papel transparente de cocina, uno sobre otro; dispone encima las lonchas de bacon formando un lecho grande.
5. Extender la carne picada encima del bacon y poner en el centro el queso cortado en tiras. Enrollar la carne ayudándose con el papel, empezando por l parte estrecha del mismo. Colocar el rollo en una placa o horno y retirar el papel con cuidado. Meter la carne al centro del horno y asarla 1 hora. Sacarla y dejarla enfriar en una fuente. Se sirve cortada en lonchas gruesas.

En la parte inferior: brochetas de pollo y ciruelas
En la parte superior: albondigón con capa de bacon

Terrina de pavo y brécol

Ingredientes para 12 personas:

500 g de pechuga de pavo

500 g de brécol

Sal

2 huevos

250 g de nata fría

Pimienta blanca recién molida

Pimentón dulce

Aceite para el molde

Refinada
Preparar el día anterior

Por persona:
550 kj/130 kcal · 15 g de proteínas · 8 g de grasa · 2 g de hidratos de carbono

- Tiempo de preparación:
  1 3/4 horas
- Enfriado: Durante la noche

1. Quitar la piel a la pechuga, lavarla, secarla y picarla en un picadora con disco fino. Mantenerla tapada en el frigorífico.

2. Limpiar el brécol, lavarlo y separarlo en tronquitos. Cocerl tapado 5 minutos en un poco de agua con sal y escurrirlo bien. Reservar unos troncos y trocear el resto.

3. Precalentar el horno a 150 °C. Engrasar bien con aceite una terrina, con tapa, de 1 litro.

4. Añadir a la farsa de pavo lo huevos y la nata. Ponerlo en la mezcladora, sazonarlo con sal, pimienta y pimentón y mezclar todo bien.

5. Separar de la farsa un poco menos de la mitad y mezclarlo con el brécol. Verter en la terrina dos tercios de la masa y repartirlo por el fondo y las paredes.

6. A continuación la mitad de la farsa mezclada con brécol, colocar encima los troncos de brécol reservados y cubrir con la otra mitad de la farsa con brécol. Finalmente rematar la terrina con el resto de farsa clara.

7. Golpear la terrina contra la mesa para que se reparta bien la masa y no se formen burbujas de aire. Tapar la terrina, o si no se dispone de tapa cubrir la terrina con papel de aluminio engrasado. Introducirla en un asador y añadir agua hirviendo hasta que cubra dos tercios de la terrina.

8. Meter al centro del horno y dejar cocer 1 1/4 horas. Sacarla del asador y dejarla enfriar durante la noche. Para servirla introducir el molde unos segundos en agua hirviendo y volcar la terrina en una fuente. Cortar en rodajas gruesas.

Sugerencia

Con esta terrina puede servirse una salsa fría de cebollino. Se necesitan unos 500 g de yogur, un poco de ralladura de limón, zumo de limón, sal, pimienta blanca y cebollino picado muy fino. Se mezcla todo bien y se sazona un poco picante.

Al preparar una terrina debe probarse la masa antes de hornearla. Cuando se haya sazonado ya, se prepara un poco de la misma con dos cucharillas y se forma una albóndiga. Se introduce en agua muy caliente (no hirviendo) y se deja dentro unos minutos. Si queda la masa suficientemente firme y está bien sazonada puede acabarse la preparación de la terrina. De lo contrario rectifique el punto de sazón o añade a la masa un poco de pan rallado o miga de pan, si la masa está blanda.

Cortaditos de carne al horno

Ingredientes para 25 cortaditos:

200 g de pan blanco del día anterior (4 o 5 panecillos)

3 cebollas medianas

1 cucharada de aceite

4 dientes de ajo

1 1/2 kg de carne magra de novillo picada

4 huevos

Unas ramas de mejorana fresca o 3 cucharaditas de mejorana seca

Sal, pimienta negra molida

Pimienta de Cayena

5 tomates pequeños de carne firme

250 g de queso Mozzarella

Rústica
Rápida

Cada cortadito:
850 kj/200 kcal · 18 g de proteínas · 12 g de grasa · 5 g de hidratos de carbono

• Tiempo de preparación:
  1 hora

1. Cortar el pan en rebanadas, ponerlas en un cuenco y rociarlas con agua caliente.

2. Pelar y picar las cebollas muy finas. Calentar el aceite en una sartén y glasearlas, añadir los ajos, rehogarlos y retirar la salsa del fuego.

3. Precalentar el horno a 200 °C. Exprimir bien el pan remojado, ponerlo en un recipiente grande y añadir la cebolla, la carne picada y los huevos.

4. Lavar la mejorana y escurrirla bien. Arrancar las hojitas y picar unas 3 cucharadas aproximadamente. Añadirlas a la carne (o sustituirlas por 3 cucharaditas de mejorana seca). Amasar todo bien hasta obtener una pasta suave. Sazonarla con sal, pimienta negra y pimienta de Cayena y extenderla en una placa hasta el borde. Hornearla en el centro del horno unos 20 minutos.

5. Mientras lavar y secar los tomates y cortarlos en rodajas finas. Cortar el Mozzarella también en rodajitas finas, y si éstas son grandes a la mitad.

6. Pasados 20 minutos sacar la carne del horno. Elevar la temperatura del horno a 250 °C. Dar la vuelta a la carne con ayuda de una paleta y aplastarla de nuevo en la placa. Cubrirla con rodajas de tomate, de forma que al cortarla en porciones quede una rodaja en cada una.

7. Salpimentar los tomates y cubrirlos con una loncha de Mozzarella. Adornar cada tro. con unas hojitas de mejorana. Meter de nuevo al centro del horno y cocer 10 minutos más. Dejar enfriar y antes de servirlo cortarlo en porciones.

Sugerencias

Este plato puede servirse en e bufé directamente en la placc del horno. Para ello envuelva los bordes de la misma en servilletas de colores.
Estos cortaditos de carne saben muy buenos calientes. Pueden hacerse por la mañana, y a la hora de servirlos se calientan 10 minutos en el horno.

Los cortaditos de carne picantes también puede pueden servirse directamente en una moderna placa de horno.

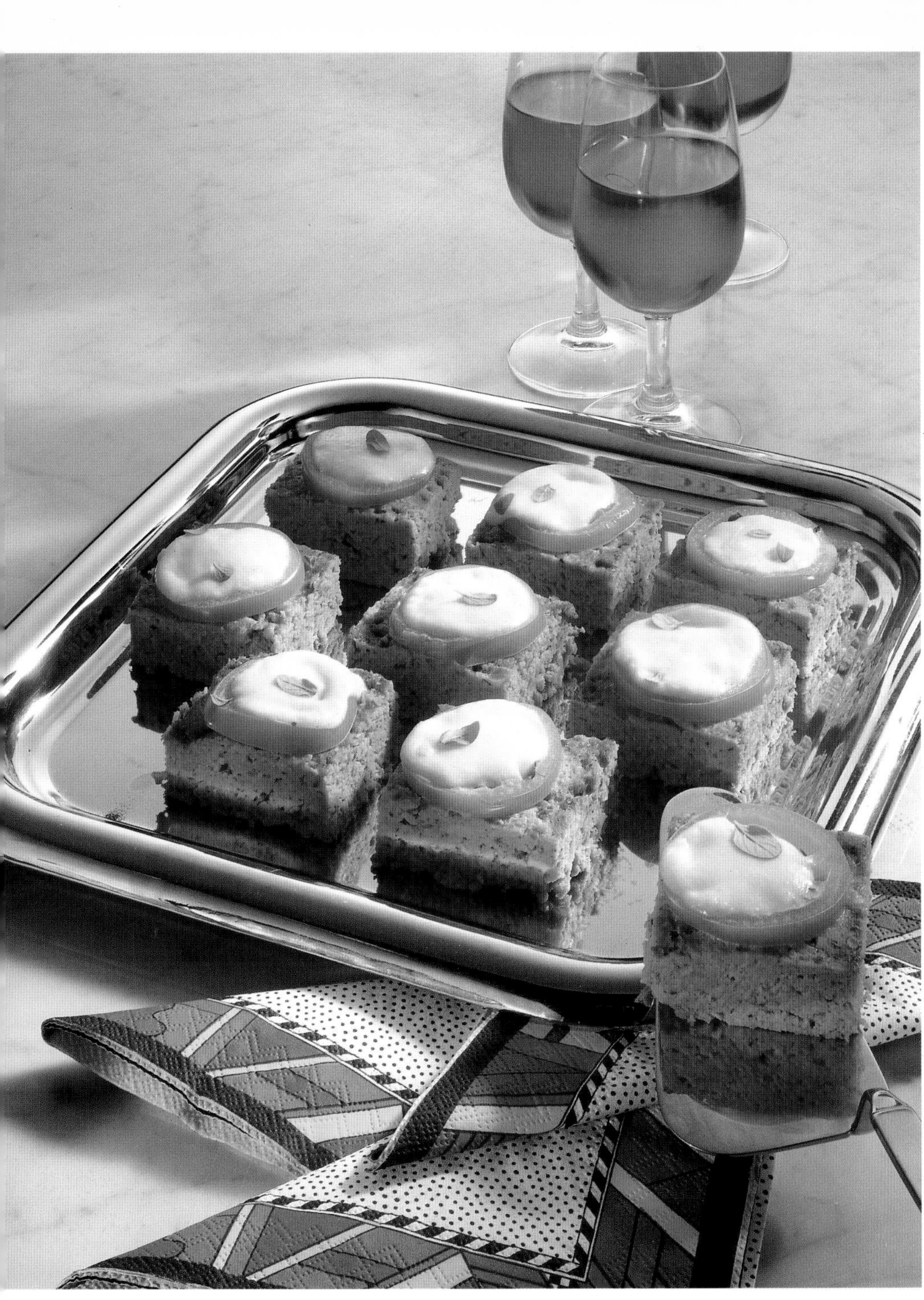

Rillette de conejo

Ingredientes para 12 personas:

1 kg de conejo troceado, fresco o congelado

250 g de brazuelo de cerdo

2 cucharadas de especias secas para sopa (puerro, zanahoria y apio)

3 cucharaditas de tomillo seco

2 cucharadas de pimienta negra en grano

2 cucharaditas de sal

Fácil
Preparar el día anterior

Por persona:
630 kj/150 kcal · 17 g de proteínas · 9 g de grasa · 0 g de hidratos de carbono

- Tiempo de preparación: 4 horas
- Enfriado: Durante la noche

1. Para preparar estos chicharrones finos lavar las dos clases de carne y ponerlas en una cazuela cubiertas de agua fría. Añadir las especias, el tomillo, la pimienta y la sal. Llevar a ebullición y cocer semi-tapado 2 1/2 horas o, mejor aún, 3 o 4 horas a fuego muy lento.
2. Poner la carne en un colador y reservar el caldo.
3. Deshuesar la carne y trocearla menuda. Mezclarla en un cuenco con el caldo suficiente hasta formar una masa

cremosa. Rellenarla en una tarrina de 1 litro y enfriarla durante la noche en el frigorífico.

Rollo de carne con crema de ajo

Ingredientes para 8 personas:

1 1/2 kg de carne de cerdo (de tapa o contra)

Sal, pimienta recién molida

2 ramilletes de perejil

150 g de jamón serrano en lonchas finas

3 cucharadas de aceite

3 cabezas de ajo

300 g de queso fresco de doble crema

1/8 de l de leche

Refinada
Preparar el día anterior

Por persona:
3300 kj/790 kcal · 41 g de proteínas · 66 g de grasa · 6 g de hidratos de carbono

- Tiempo de preparación: 1 3/4 horas

1. Precalentar el horno a 200 ºC. Lavar la carne con agua fría y secarla. Hacerle un corte superficial en el centro sin cortarla del todo y abrirla. Sazonar con sal y pimienta.
2. Lavar el perejil, secarlo y picarlo fino sin utilizar los tallos

gruesos. Esparcir la mitad sob... la carne, cubrirla con las lonchas de jamón, enrollarla y sujetarla con hilo de cocina.
3. Calentar el aceite en un asador y dorar el rollo de carr... todo alrededor. Salpimentarlo meterlo al centro del horno 1 1/4 horas dándole la vuelta de vez en cuando.
4. Meter al mismo tiempo las cabezas de ajo hasta que este... tiernas. Tarda de 30 a 60 minutos, según el tamaño. Sacarla, dejarla enfriar unos minutos y separar los dientes. Extraer la pulpa con un cuchill...
5. Mezclar el puré de ajo con el queso fresco, la leche y el resto de perejil. Sazonar la crema con sal y pimienta.
6. Sacar la carne del horno y dejar enfriar. Retirar el hilo y cortarla en rodajas. Disponerl... en una fuente y servir con la crema de ajo en salsera apar...

En la parte inferior: rollo de carne con crema de ajo
En la parte superior: rillette de con...

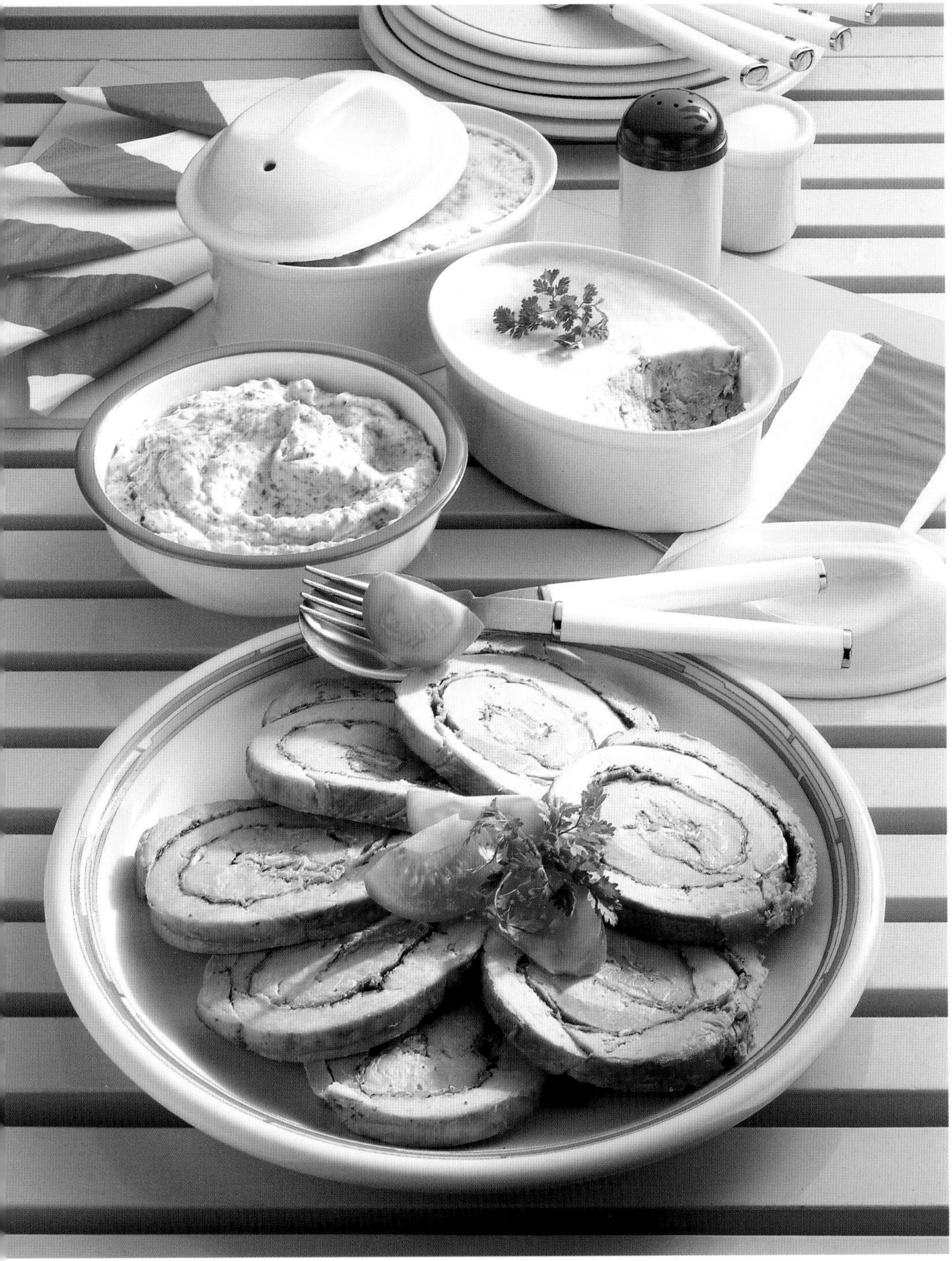

Pan de cebolla y bacon

Ingredientes para 3 panes:

1 kg de harina de trigo

42 g de levadura prensada

2 cucharadas de azúcar

2 cucharadas de sal

250 g de bacon ahumado

2 cebollas grandes

2 cucharaditas de Curry en polvo

1 yema de huevo

Papel de repostería para la placa de horno

Económica

Cada pan:
7400 kj/1800 kcal · 46 g de proteínas · 60 g de grasa · 250 g de hidratos de carbono

- Tiempo de preparación:
  3 horas (2 horas de reposo y 45 minutos de cocción)

1. Poner la harina en un cuenco y hacer un hueco en el centro. Disolver la levadura en 6 cucharadas de agua caliente y el azúcar, verterla en el hueco y espolvorear con un poco de harina. Mantener tapado 25 minutos.
2. Añadir 1/2 l de agua y la sal y trabajar todo bien hasta formar una masa suave y elástica. Taparla y dejarla reposar 1 1/2 horas hasta que leve.
3. Quitar la corteza al bacon y cortarlo en daditos finos. Pelar las cebollas y picarlas. Freír el bacon en una sartén, añadir la cebolla y glasearla.
4. Precalentar el horno a 200 ºC y revestir una placa de horno con el papel de repostería. Trabajar de nuevo la masa y añadirle el bacon frito con la cebolla y el curry y amasar bien. Cortar la masa en tres partes, formar una barra con cada una y colocarlas en la placa.
5. Batir la yema con un poco de agua y pintar los panes con la mezcla. Cocerlos en el centro del horno unos 45 minutos.

Pan de molde con aceitunas

Ingredientes para una barra de unas 15 rebanadas:

1 kg de harina de trigo

42 g de levadura prensada

1 cucharadita de azúcar

500 g de kefir

2 cucharaditas de sal

40 g de queso Parmesano en un trozo

100 g de aceitunas rellenas de pimiento

3 cucharaditas de mejorana seca

Grasa para el molde

Refinada

Cada rebanada contiene:
1200 kj/290 kcal · 10 g de proteínas · 3 g de grasa · 51 g de hidratos de carbono

- Tiempo de preparación:
  2 1/2 horas

1. Poner la harina en un cuenco y hacer un hueco en el centro. Disolver la levadura en una taza con el azúcar y un poco de agua y verterlo en el hueco. Espolvorear con un poco de harina y mantener tapado 10 minutos para que leve.
2. Calentar ligeramente el kefir en el microondas o al baño maría y añadirlo con la sal a la harina. Amasarlo con los ganchos de la batidora hasta obtener una masa suave. Mantenerlo tapado 1 hora en un lugar caliente.
3. Rallar finamente el Parmesano, añadirlo a la masa junto con las aceitunas y la mejorana y amasar todo bien. Engrasar bien un molde cuadrado (de unos 30 cm de largo). Hacer con la masa un rollo alargado y meterlo en el molde. Dejar reposar 10 minutos más.
4. Mientras precalentar el horno a 175 ºC y cocer el pan (abajo) durante 50 minutos.

En la parte inferior: pan de cebolla y bacon
En la parte superior: pan molde con aceitunas

Panecillos de nuez y avellana

Ingredientes para 16 panecillos:
500 g de harina
42 g de levadura prensada
200 ml de leche templada
1 cucharada de azúcar
2 cucharaditas de sal
Pistachos, nueces y avellanas
(30 g de cada)
1 yema de huevo
Sésamo (4 cucharadas)
Harina para amasar
Papel de repostería

Económica

Cada panecillo:
730 kj/170 kcal · 6 g de proteínas · 6 de grasa · 25 g de hidratos de carbono

- Tiempo de preparación: 2 horas

1. Poner la harina en un cuenco y hacer un hueco. Disolver la levadura con un poco de leche y el azúcar, verterlo en el hueco y espolvorear con un poco de harina. Mantener tapado 15 minutos para que leve.
2. Añadir el resto de leche y la sal y amasar todo bien. Dejar reposar tapado 45 minutos más.
3. Picar por separado los pistachos, las nueces y las avellanas. Revestir con el papel la placa de horno.
4. Trabajar la masa y repartirla

en cuatro porciones. Añadir a tres de ellas los frutos molidos y dejar la otra parte sin mezclar. Hacer con cada uno de los trozos cuatro panecillos redondos y colocarlos en la placa formando un sol.
5. Batir la yema de huevo con 3 cucharadas de agua y pintar los panecillos con la mezcla. Espolvorear los panecillos con sésamo. Precalentar el horno a 175 ºC y cocerlos en el centro del horno unos 25 minutos.

Bollos de cereales variados

Ingredientes para 12 bollos:
150 g de trigo alforfón
en grano
400 g de harina integral
de trigo
200 g de harina integral
de centeno
200 g de escanda triturada
gruesa
42 g de levadura prensada
1 cucharadita de azúcar
1 bolsa de levadura natural
líquida (unos 150 g)
1 cucharada de sal, harina
Papel de repostería

Rústica

Cada bollo contiene:
1200 kj/290 kcal · 10 g de proteínas · 2 g de grasa · 51 g de hidratos de carbono

- Tiempo de preparación: 2 1/2 horas

1. Poner a hervir 1/4 de l de agua, añadir el trigo alforfón y dejarlo cocer tapado muy suavemente unos 15 minutos para que se hinche.
2. Mientras tanto mezclar la harina de trigo con la de centeno y la escanda triturada y hacer un hueco en el centro. Disolver la levadura en un poco de agua caliente añadir el azúcar y verterlo en el hueco. Espolvorear con un poco de harina y mantener tapado unos 10 minutos para que leve.
3. Añadir la levadura líquida, la sal y 1/2 l de agua templada y amasar bien con los ganchos de la batidora. Escurrir el trigo alforfón, añadirlo a la masa y trabajarlo hasta que esté bien unido. Taparla y dejarla reposar 40 minutos. Revestir con el papel dos placas de horno.
4. Trabajar de nuevo la masa con las manos enharinadas y repartirla en 12 porciones. Hacer con ellas unos bollitos de unos 15 cm de largo, colocarlo en las placas y humedecerlos con un poco de agua caliente. Precalentar el horno a 175 ºC cocer los panes en el centro del horno (una placa tras otra) durante 30 minutos.

En la parte superior: bollos de cereales variados
En la parte inferior: panecillos de nuez y avellana

Tortitas de hierbas

Ingredientes para 12 tortitas:

800 g de harina

42 g de levadura prensada

2 cucharaditas de azúcar

2 ramilletes de hierbas variadas, sustituibles por 3 paquetitos de hierbas congeladas

2 cucharaditas de sal

4 cucharadas de aceite de oliva

40 g de semillas de sésamo

Harina para estirar la masa

Papel de repostería

Fácil

Cada tortita contiene:
1300/310 kcal · 9 g de proteínas · 7 g de grasa · 51 g de hidratos de carbono

• Tiempo de preparación:
  2 1/2 horas (descontando
  1 3/4 horas de reposo)

Sugerencia

Al gusto, las tortitas pueden espolvorearse con semillas de lino, sal gorda o frutos secos (nueces, avellanas, etc).

1. Poner la harina en un cuenc y hacer un hueco en el centro. Disolver la levadura en 5 cucharadas de agua caliente y el azúcar y verterlo en el cuenco. Espolvorear con un poco de harina y mantener tapado 25 minutos para que leve.

2. Lavar las hierbas frescas co agua fría, escurrirlas y picarlas muy finas. Añadirlas a la masa con la sal, el aceite y 400 ml de agua templada. Hacer con todo una masa suave y elástica Mantenerla tapada 1 hora en un lugar caliente.

3. Trabajar de nuevo la masa repartirla en 12 porciones y dejarla reposar de nuevo unos 20 minutos. Revestir con el papel una placa de horno y precalentar el horno a 250 °C

4. Amasar de nuevo los trocitc de masa y estirarlos sobre una superficie enharinada dejando un grueso de 1/2 cm. Formar con ellos unas tortitas, humedecerlas ligeramente con agua y espolvorearlas con sésamo. Cocerlas en dos tand en el centro del horno durante 10 minutos.

anecillos
e patata
salami

gredientes para 12 panecillos:
kg de patatas harinosas
·l
) g de mantequilla
yema de huevo
50 g de harina integral
· trigo
cucharaditas de levadura
 polvo
50 g de salami bien curado
nienta negra recién molida
cucharaditas de tomillo seco
arina para amasar
:eite
pel de repostería

onómica

ada panecillo:
00 kj/260 kcal · 8 g de
oteínas · 12 g de grasa · 33
de hidratos de carbono

Tiempo de preparación:
2 horas

1. Lavar bien las patatas, hervir un poco de agua con sal y cocerlas; escurrirlas, dejarlas enfriar unos minutos y pelarlas. Finalmente pasarlas por el prensapatatas.

2. Añadir la mantequilla en trocitos y trabajar la masa hasta que la mantequilla se haya disuelto. Hecho esto añadir la yema, la levadura y la harina. Trabajar todo bien hasta obtener una masa suave. Si quedase demasiado blanda añadir un poco más de harina.

3. Pelar el salami, cortarlo en daditos y añadirlo a la masa. Sazonar con sal, pimienta y tomillo. Precalentar el horno a 225 ºC y revestir con el papel una o dos placas de horno.

Sugerencia

stos panecillos resultan eliciosos si están templados. ero también pueden hacerse por la mañana y calentarlos n poco por la noche.

4. Con las manos enharinadas dividir la masa en 12 porciones y formar los panecillos. Colocarlos en las placas, hacerles tres cortes diagonales en la superficie, pintarles con el aceite ayudándose de un pincel y cocerles en el centro del horno unos 40 minutos.

Ensalada de mijo y kiwi

Ingredientes para 8 personas:
1/2 l de caldo de verdura
250 g de mijo en grano
400 g de filetes de pechuga
de pavo
10 cucharadas de aceite
Sal
Pimienta negra recién molida
Pimienta de Cayena
400 g de queso Gouda
semi-curado
8 kiwis
8 cucharadas de vinagre
de manzana

Refinada

Por persona:
2100 kj/500 kcal · 29 g de
proteínas · 29 g de grasa · 29
g de hidratos de carbono

- Tiempo de preparación:
  1 hora

1. Hervir el caldo en una
cazuela, añadir el mijo en forma
de lluvia y cocerlo tapado 15
minutos. Separar bien los granos
y dejar enfriar.
2. Mientras lavar la carne,
secarla y cortar los filetes en
tiras. Calentar 1 cucharada de
aceite en una sartén y freír las
tiras de carne 3 o 4 minutos a
fuego fuerte hasta que estén
doradas. Sazonarlas con sal,
pimienta negra y pimienta de
Cayena. Sacarlas y reservarlas.

3. Quitar la corteza al queso y
cortarlo en tiras como la carne.
Pelar los kiwis y cortarlos en
gajos regulares a lo largo.
4. Batir el vinagre con el aceite
sobrante, añadir sal, pimienta
negra y pimienta de Cayena y
mezclarlo con los demás
ingredientes en un bol grande o
ensaladera.

Ensalada de lentejas y pavo

Ingredientes para 8 personas:
2 manojos de cebolletas
1 tarro de calabaza
en conserva (330 g)
500 g de filetes de pechuga
de pavo
Sal
Pimienta negra recién molida
Pimienta de Cayena
Comino molido
10 cucharadas de aceite
600 ml de caldo de gallina
250 g de lentejas rojas
1 ramillete de perejil
8 cucharadas de vinagre
de vino blanco

Económica
Fácil

Por persona:
1300 kj/310 kcal · 24 g de
proteínas · 14 g de grasa · 19
g de hidratos de carbono

- Tiempo de preparación:
  1 hora

- Marinado: 2 horas

1. Limpiar y lavar las cebollet
y cortarlas en aros finos. Escur
la calabaza y reservar el jugo
que suelta. Cortar los trozos d
calabaza en rodajas gruesas.
2. Lavar y secar la carne.
Cortarla primero en tiras de 1,
cm de grueso, y éstas en dado
Sazonar con sal, pimienta
negra, pimienta de Cayena y
poco de sésamo.
3. Calentar 2 cucharadas de
aceite en una sartén, freír los
dados de pavo durante 1
minuto y sacarlos de la sartén.
4. Hervir el caldo de gallina y
cocer en él las lentejas,
tapadas, 10 minutos a fuego
muy suave. Escurrirlas luego e
un colador.
5. Lavar y picar el perejil y
mezclarlo con el vinagre, 5
cucharadas de jugo de
calabaza y el aceite sobrante.
Sazonar con sal, pimienta y
comino. Mezclar todos los
ingredientes, rociarlos con la
marinada y dejar reposar 2
horas por lo menos.

En la parte inferior: ensalada
de lentejas y pavo
En la parte superior: ensalada de
mijo y kiwi

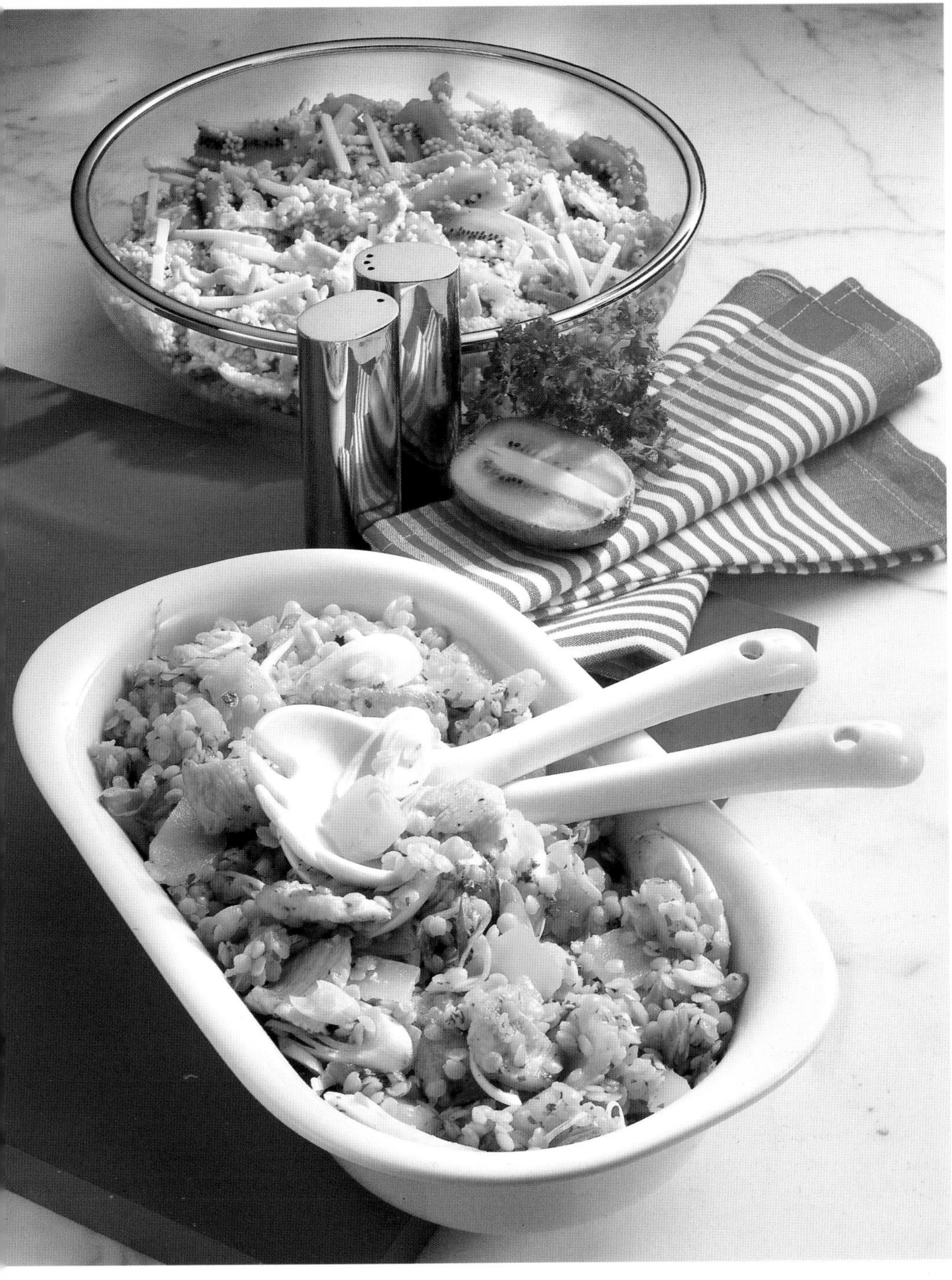

Ensalada de patata con filetes de trucha

Ingredientes para 8 o 10 personas:

2 kg de patatas nuevas pequeñas y poco harinosas

Sal, 1 limón

1 pepino pequeño (unos 350 g)

400 g de filetes de trucha ahumados

2 ramilletes grandes de eneldo

150 ml de caldo de verdura

250 g de nata agria

Pimienta negra recién molida

Tabasco

Rústica

Para 10 personas, cada porción:
850 kj/200 kcal · 13 g de proteínas · 4 g de grasa · 29 g de hidratos de carbono

• Tiempo de preparación: 45 minutos

1. Lavar las patatas y cocerlas tapadas en poca agua con sal. Escurrirlas, templarlas, pelarlas y cortarlas a la mitad.
2. Lavar bien el pescado, pelarlo y cortarlo a la mitad en rodajitas. Quitar la piel a las truchas y cortarlas diagonalmente en tiras de 1/2 cm de ancho.
3. Lavar el limón con agua bien caliente, secar y rallar finamente la cáscara. Exprimir el zumo. Lavar y secar el eneldo y picarlo muy fino sin utilizar los tallos gruesos. Mezclar la cáscara y el zumo de limón con el eneldo, el caldo y la nata y sazonarlo con sal, pimienta y unas gotas de Tabasco.
4. Poner todos los ingredientes en una fuente grande y mezclarlos cuidadosamente.

Combinado de endibias y mejillones

Ingredientes para 8 personas:

200 g de chalotas

8 cucharadas de vino blanco

Sal

Pimienta negra recién molida

6 cucharadas de aceite de oliva

6 cucharadas de aceite vegetal

700 g de endibias

400 g de tomates para ensalada

2 tarros de mejillones al natural (de 330 g cada uno)

1 ramillete de perejil

Refinada

Por persona:
850 kj/200 kcal · 10 g de proteínas · 16 g de grasa · 4 g de hidratos de carbono

• Tiempo de preparación: 45 minutos

1. Pelar las chalotas, picarlas finas y mezclarlas con vinagre, sal y pimienta. Añadir las dos clases de aceite y batir todo.
2. Limpiar y lavar las endibias. Reservar unas hojas grandes que tengan buen aspecto y cortar el resto en rodajas de 1 cm de grueso. Luego separar la hojas de las rodajas.
3. Lavar los tomates, cortarlos en gajos finos y sacar las semillas. Poner los mejillones en un colador, pasarlos por agua fría y escurrirlos bien. Lavar y picar el perejil.
4. Mezclar las endibias con los tomates, los mejillones y el perejil y agregar el aliño con la chalotas. Disponer en una fuente las hojas de endibia reservadas y servir encima la ensalada.

Sugerencia

Si dispone de tiempo suficiente, limpie a fondo 2,5 kg de mejillones frescos, quitándoles bien las barbas. Lávelos bajo el chorro de agua fría y cuézalos tapados en 1/8 l de agua con sal y especias de sopa. Pasados 10 minutos saque la carne de las conchas y utilícela.

En la foto superior: ensalada de patata con filetes de trucha
En la foto inferior: combinado de endibias y mejillones

Ensalada de garbanzos

Ingredientes para 8 personas:

300 g de garbanzos

Sal

2 calabacines delgados (unos 500 g)

2 berenjenas pequeñas (unos 500 g)

8 cucharadas de aceite de oliva

Pimienta negra recién molida

2 cucharaditas de hojas de tomillo fresco

6 cucharadas de vinagre balsámico

1 ramillete de cebollino

Vegetariana
Económica

Por persona:
960 kj/230 kcal · 9 g de proteínas · 12 g de grasa · 22 g de hidratos de carbono

- Tiempo de preparación: 1 hora
- Remojo: durante la noche
- Marinado: 1 o 2 horas

1. Poner los garbanzos a remojo en 1 l de agua fría y dejarlos tapados durante la noche. Una vez pasado este tiempo, cocerlos en agua con dos cucharadas desal durante 30 o 50 minutos hasta que estén en su punto.

2. Lavar los calabacines y las berenjenas, quitar los extremos y cortarlos en cuartos. Finalmente cortarlos en lonchitas de 1/2 cm. Calentar, no demasiado, 3 cucharadas de aceite y rehogar los calabacines hasta que estén dorados. Salpimentarlos y sacarlos de la sartén.

3. Poner en la misma sartén otras 3 cucharadas de aceite y repetir la operación con las berenjenas durante 2 minutos. Si es necesario añadir el resto de aceite. Salpimentarlas, sacarlas de la sartén y dejarlas escurrir sobre papel de cocina.

4. Mezclar los garbanzos con los calabacines, las berenjenas, el tomillo y el vinagre. Lavar y picar el cebollino y añadirlo. Dejar reposar la ensalada durante 1 o 2 horas y rectificar el punto de sazón antes de servirla.

nsalada de pasta con salsa le queso

gredientes para 8 o 10
ersonas:

al

00 g de pasta al gusto
nacarrones o plumas)

kg de tomates para ensalada

00 g de queso azul
o demasiado fuerte)

00 g de nata agria

cucharadas de aceite de oliva

mienta negra recién molida

ramilletes de albahaca

ramilletes de perejil

o 3 ramitas de melisa

0 g de piñones

egetariana

ara 10 personas, cada
orción:
000 kj/480 kcal · 18 g de
roteínas · 22 g de grasa · 52
de hidratos de carbono

Tiempo de preparación:
1 hora

Sugerencia

A ser posible utilice tomates
alargados, así el plato resulta
nás sabroso.

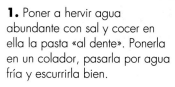

1. Poner a hervir agua abundante con sal y cocer en ella la pasta «al dente». Ponerla en un colador, pasarla por agua fría y escurrirla bien.

2. Lavar los tomates, cortarlos en cuartos y sacar las semillas. Poner en la mezcladora el queso azul con la nata y el aceite de oliva y hacer una salsa espesa. Sazonarla al gusto con sal y pimienta.

3. Mezclar la pasta con la crema de queso. Lavar las hierbas, escurrirlas y picarlas finas reservando unas hojitas para el adorno. Añadir las hierbas y los tomates a la pasta y mezclar todo cuidadosamente.

4. Picar los piñones de forma gruesa y tostarlos en una sartén sin grasa. Esparcirlos por encima de la ensalada y adornar con las hojitas reservadas.

Ensalada de gambas y fideos chinos

Ingredientes para 12 personas:
250 g de fideos chinos
1 trocito de jengibre
(del tamaño de una nuez)
3 dientes de ajo
3 chiles rojos
100 g de crema dura de coco
75 ml de caldo de gallina
250 g de gambas cocidas
y peladas
1 col china (unos 500 g)
1 pimiento rojo
100 ml de salsa de soja
Sal
Pimienta negra recién molida

Festiva

Por persona:
6210 kj/150 kcal · 8 g de
proteínas · 3 g de grasa · 23 g
de hidratos de carbono

- Tiempo de preparación:
  1 hora
- Marinado: 2 horas

1. Poner los fideos en un bol, rociarlos con agua hirviendo y dejar que reposen.
2. Pelar el jengibre y los ajos, lavar los chiles y sacar las semillas. Picar todo muy fino.
3. Rallar finamente la crema de coco y desleírla en una cazuela, a fuego muy suave en el caldo de gallina.
4. Lavar y escurrir las gambas y mezclarlas con la crema de coco, el jengibre, los ajos y los chiles.
5. Limpiar y lavar la col china y cortarla en tiras de 1 cm de ancho. Lavar el pimiento y limpiarlo de pepitas y pieles interiores. Cortarlo también en tiras muy finas.
6. Trocear los fideos, poner a hervir abundante agua con sal y cocerlos 2 o 3 minutos. Escurrirlos bien en un colador.
7. Mezclar bien todos los ingredientes preparados y sazonar la ensalada con salsa de soja, sal y pimienta. Dejar reposar 2 horas antes de servirla.

Variante
Esta ensalada resulta más económica si se sustituyen las gambas por trocitos de carne fritos y sazonados picantes. Para ello necesita 500 g de filetes de cerdo cortados en trozos de 1 o 2 cm.

Sugerencia

Ingredientes como los fideos chinos, el jengibre, la crema dura de coco y la salsa de soja los encontrará en grandes almacenes o en establecimientos especializados en comidas asiáticas, existentes en casi todas las grandes ciudades. Si no encuentra crema de coco sustitúyala por 100 g de coco seco rallado y rocíelo con agua hirviendo hasta cubrirlo. A los 20 minutos envuelva la ralladura en un paño de cocina, exprímala bien y utilice el jugo.

Ensalada de inspiración asiática, n sólo fácil de preparar, sino de exquisito sabor exótico que encantará a sus invitados

Ensalada de colinabo y manzana

Ingredientes para 8 personas:
1 ramillete de perejil
7 cucharadas de vinagre de manzana
Sal
Pimienta negra recién molida
12 cucharadas de aceite de girasol
2 cucharadas de aceite de sésamo o de nuez
6 manzanas rojas pequeñas y agrias (1 kg aproximadamente)
6 colinabos medianos (1 kg)
100 g de pipas peladas de girasol

Integral
Rápida

Por persona:
1300 kj/310 kcal · 6 g de proteínas · 24 g de grasa · 18 g de hidratos de carbono

- Tiempo de preparación: 40 minutos

1. Lavar el perejil, escurrirlo y picarlo fino. Mezclarlo en una ensaladera con el vinagre, sal y pimienta, añadir las dos clases de aceite y batir enérgicamente.
2. Lavar las manzanas, secarlas, cortarlas en cuartos y sacar las semillas. Finalmente cortarlas en gajos y mezclarlas rápidamente con el aliño.
3. Lavar los colinabos y

pelarlos. Picar las hojas tiernas y añadirlas a la ensalada. Cortar los bulbos en cuartos y luego en gajos como las manzanas. Añadirlos a la ensalada.
4. Tostar las pipas en una sartén sin grasa y añadirlas a la ensalada. Mezclar todo bien y sazonar un poco picante con sal y pimienta.

Ensalada de arroz y pollo asado

Ingredientes para 10 personas:
Sal
250 g de arroz (integral y de grano largo, a partes iguales)
500 g de sopa de verdura congelada
2 pollos asados
150 g de crema fresca
1 1/2 cucharadas de mayonesa para ensalada
1 cucharadas de tomate concentrado
75 o 100 ml de vino blanco seco
Pimienta negra recién molida

Refinada
Rápida

Por persona:
1600 kj/380 kcal · 34 g de proteínas · 16 g de grasa · 24 g de hidratos de carbono

- Tiempo de preparación: 30 minutos

1. Hervir 600 ml de agua con sal, añadir la mezcla de arroz, remover y cocer tapada 20 minutos a fuego suave.
2. Hervir agua con sal, añadir la sopa de verdura y cocerla 3 minutos, luego escurrirla bien en un colador.
3. Separar las pechugas de los pollos asados y cortarlas en lonchas diagonales. Deshuesar el resto de los pollos y cortarlos en daditos finos.
4. Mezclar en una ensaladera grande la crema fresca con la mayonesa, el tomate concentrado y el vino, batirlo y mezclarlo con sal y pimienta.
5. Escurrir el arroz en un colador, mezclarlo con las verduras y los dados de pollo añadirlo al aliño de la ensalada. Antes de servir colocar encima las lonchas de pechuga.

En la parte inferior: ensalada de arroz y pollo asado
En la parte superior: ensalada de colinabo y manzana

Variaciones de ruibarbo

Ingredientes para 12 personas:
2 1/2 kg de ruibarbo

Para la tarta:

150 g de harina

125 g de mantequilla fría

4 cucharadas de azúcar glas

1 yema de huevo

40 g de almendras molidas

40 g de almendras fileteadas

Harina para estirar la masa

Papel de repostería para la placa

Para la mousse:

12 hojas de gelatina blanca

1/2 cucharadita de canela

120 g de azúcar

6 yemas de huevo

250 g de nata

Fresas para el adorno

Para la compota:

500 g de fresas

1 naranja

80 g de azúcar

4 cucharadas de licor de naranja, al gusto

Festiva

Por persona:
1700 kj/400 kcal · 7 g de proteínas · 24 g de grasa · 40 g de hidratos de carbono

- Tiempo de preparación: 3 horas

1. Limpiar el ruibarbo, pelarlo y lavarlo.

2. Para la tarta hacer una masa suave con la harina, la mantequilla, 2 cucharadas de azúcar glas, la yema y 2 cucharadas de agua helada. Envolverla en papel de aluminio y dejarla reposar 1 hora en el frigorífico.

3. Para la mousse, remojar la gelatina en agua fría. Cortar 750 g de ruibarbo en una cazuela con 50 ml de agua, añadir la canela y 80 g de azúcar y cocer tapado unos 10 minutos. Retirar del fuego, removerlo, añadir la gelatina bien exprimida y disolverla bien. Dejar enfriar unos minutos hasta que esté templado.

4. Batir las yemas a punto cremoso con el resto de azúcar y 6 cucharadas de agua caliente. Añadir la compota de ruibarbo y poner la mezcla en el frigorífico. Cuando la crema cuaje, montar la nata a punto firme y añadirla. Mantener tapado en el frigorífico.

5. Precalentar el horno a 175 ºC y revestir la placa de horno con el papel de repostería. Estirar la masa sobre una superficie enharinada hasta que quede fina y extenderla sobre el papel. Colocar encima un molde de aro de 26 o 28 cm de diámetro y cortar la masa. Retirar la masa sobrante y formar con ella un borde de 1 cm de alto y revestir con él el interior del aro. Cocer el fondo en el horno (abajo) unos 15 minutos hasta que esté ligeramente dorado.

6. Poner en una cazuela 500 g de ruibarbo con 2 cucharadas de azúcar glas y un poco de agua y cocerlo tapado 3 minutos a fuego suave. Escurrirlo luego en un colador.

7. Espolvorear el fondo de tarta con la almendra molida, disponer encima los trozos de ruibarbo y esparcir por encima la almendra fileteada. Meter al centro del horno y acabar de cocerlo durante 20 minutos más.

8. Para la compota, cortar el resto de ruibarbo en trozos de 3 cm. Lavar las fresas y cortarlas a la mitad.

9. Lavar la naranja con agua muy caliente, secarla y rallar finamente la piel. Exprimir el zumo, mezclarlo con la piel y el azúcar, en una cazuela ancha, y finalmente añadir el ruibarbo. Cocer tapado a fuego muy suave unos 5 minutos. Incorporar las fresas, mezclarlas bien y dejar enfriar la compota. Si gusta, perfumar con el licor de naranja.

10. Adornar la mousse con fresas lavadas y cortadas a la mitad. Servir conjuntamente los tres postres.

Este surtido de postres muestra las diferentes formas de preparación del ruibarbo. Una buena razón para aprovechar la época en que abunda en el mercado

Mousse de coco y mango

Ingredientes para 8 personas:
200 g de coco rallado seco
2 mangos maduros
(unos 900 g)
1 lima o limón pequeño
9 hojas de gelatina blanca
4 yemas de huevo
50 g de azúcar, 200 g de nata
2 claras de huevo

Refinada
Preparar el día anterior

Por persona:
1300 kj/310 kcal · 6 g de
proteínas · 16 g de grasa · 36
g de hidratos de carbono

- Tiempo de preparación:
  45 minutos
- Tiempo de gelatinado:
  3 o 4 horas

1. Dorar 20 g de ralladura de coco en una sartén sin grasa, y reservarla. En un cuenco rociar el resto de ralladura con 400 ml de agua hirviendo, mezclarlo y dejar que repose 20 minutos.
2. Pelar los mangos y sacar los huesos. Lavar la lima con agua caliente y rallar la cáscara. Exprimir el zumo, añadir la mitad de la pulpa de mango, y hacer un puré. Cortar en daditos el resto de pulpa.
3. Remojar la gelatina en agua fría. Revestir un bol con un paño limpio, verter dentro la ralladura de coco remojada y retorcer bien el paño hasta que suelte el jugo, del cual se reservaran 300 ml.
4. Batir a punto cremoso en un bol las yemas con el azúcar y 3 cucharadas de agua caliente. Añadir poco a poco el jugo de coco y mezclar todo bien.
5. Exprimir la gelatina, desleírla en un cazo a fuego suave y luego incorporarla a la crema. Añadir también el puré de mango. Meter en el frigorífico hasta que empiece a cuajarse.
6. Batir las claras a punto de nieve y montar aparte la nata. Incorporar ambas cosas a la mousse y añadir los trocitos de mango. Dejar cuajar en un recipiente grande. Servir en copas y decorarlas con un copete de nata y esparcir por encima la ralladura de coco triturada.

Crema de pomelo rosado

Ingredientes para 10 personas:
12 hojas de gelatina blanca o
2 paquetes de gelatina molida
5 pomelos rosados
5 cucharadas de azúcar refinado
500 g de kefir
250 g de nata
Virutas de chocolate para el adorno

Preparar el día anterior

Por persona:
790 kj/190 kcal · 5 g de
proteínas · 11 g de grasa · 18
g de hidratos de carbono

- Tiempo de preparación:
  1 hora
- Tiempo de gelatinado:
  Durante la noche

1. Remojar la gelatina en agua fría.
2. Lavar un pomelo con agua muy caliente y rallar un poco de piel. Filetear dos pomelos y recoger el jugo que suelten. Mantenerlos tapados en el frigorífico. Exprimir el zumo de los tres pomelos restantes.
3. Medir el zumo obtenido de los pomelos y completarlos con kefir hasta obtener 900 ml. Mezclarlo con la cáscara rallada y el azúcar.
4. Poner la gelatina empapada en una cazuela, desleírla a fuego suave y añadirla a la masa de pomelo. Meter al frigorífico hasta que empiece a cuajarse. Montar la nata y añadirla. Tapar la crema y deja reposar en el frigorífico durante la noche.
5. Servir en platitos de cristal y adornar con pomelo fileteado y virutas de chocolate.

En la parte inferior: crema de pomelo rosado
En la parte superior: mousse de coco y mango

Ensalada de melocotón y ciruela

Ingredientes para 10 personas:
75 g de palitos de almendra
800 g de ciruelas rojas maduras
4 melocotones maduros
El zumo de 2 limones
1 sobrecito de azúcar avainillado
6 cucharadas de azúcar glas
6 cucharadas de licor de almendra de frutas, sustituible por zumo de melocotón, perfumado con unas gotas de aroma de almendras amargas
100 g de almendrados

Refinada
Fácil

Por persona:
750 kj/180 kcal · 3 g de proteínas · 7 g de grasa · 27 g de hidratos de carbono

- Tiempo de preparación: 45 minutos
- Reposo: 2 horas

1. Tostar los palitos de almendra en una sartén sin grasa y reservarlos en un plato. **2.** Lavar las ciruelas y los melocotones y secarlos. Cortar las ciruelas en cuartos y deshuesarlas. Cortar los melocotones a la mitad, deshuesarlos y cortarlos finamente en gajos.

3. Batir en un bol el zumo de limón con el azúcar avainillado, el azúcar glas y el licor de almendras y añadir los palitos de almendra y la fruta troceada. Mantener tapada 2 horas a temperatura ambiente. **4.** Servir con los almendrados por encima o mezclados con la ensalada de frutas.

Cortaditos de almendra

Ingredientes para 16 trozos:
300 g de harina
42 g de levadura prensada
50 ml de leche templada
250 g de azúcar
2 huevos
200 g de almendras molidas
250 g de mantequilla
150 g de almendras fileteadas
Mantequilla para la placa
Harina para estirar la masa

Económica

Cada cortadito:
1600 kj/380 kcal · 8 g de proteínas · 26 g de grasa · 32 g de hidratos de carbono

- Tiempo de preparación: 2 horas

1. Poner la harina en un cuenco y hacer un hueco en el centro. Introducir en él la levadura desmenuzada y remover con un poco de leche y 1 cucharadita

de azúcar. Espolvorear con un poco de harina y mantener tapado 15 minutos en un sitio caliente para que leve. **2.** Añadir el resto de leche, 5C de azúcar, los huevos y las almendras molidas. Derretir 1C g de mantequilla y unirla a la mezcla. Trabajar hasta obtene una masa suave. Taparla y dejarla levar 40 minutos. Engrasar una placa de horno. **3.** Trabajar de nuevo la masa, estirarla sobre una superficie enharinada y dejarla del tamaño de la placa. Dejar reposar 10 o 15 minutos más. Precalentar el horno a 200 ºC **4.** Meter al centro del horno y cocer durante 15 minutos. **5.** Hacer un caramelo con el azúcar y la mantequilla sobrantes sin dejar de remover Rociar con ello la masa precocida, esparcir por encim las almendras fileteadas y met de nuevo al horno unos 15 minutos para que acabe de hacerse.

Sugerencia

Puede servirse con una jugos compota, por ejemplo de piña fresca o de guindas.

En la foto superior: cortaditos de almendra
En la foto inferior: ensalada de melocotón y ciruela

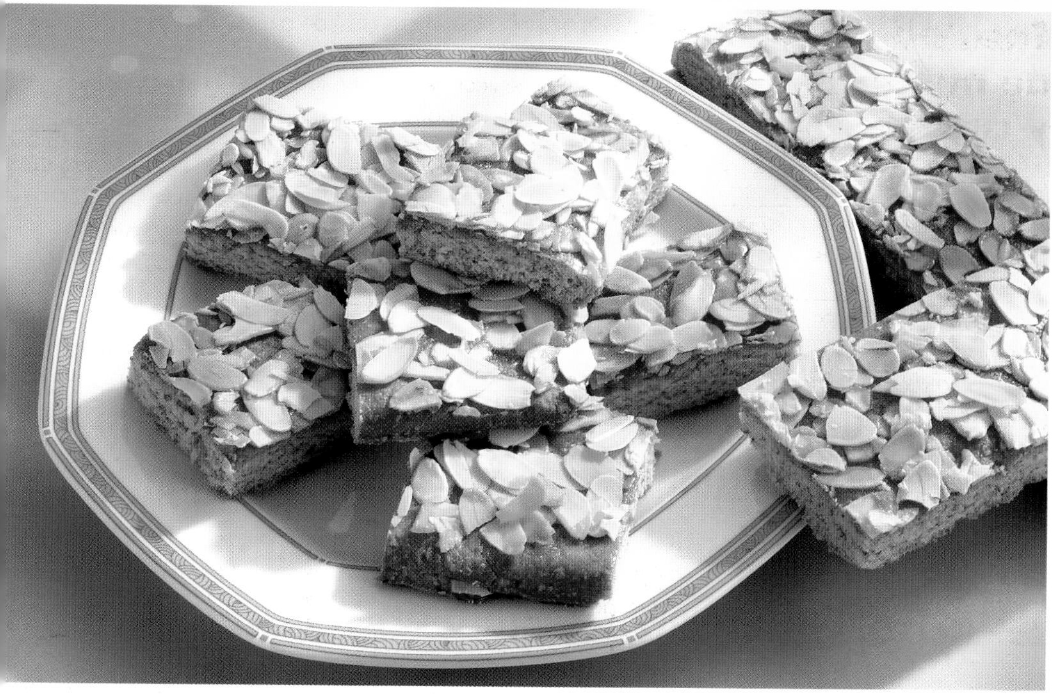

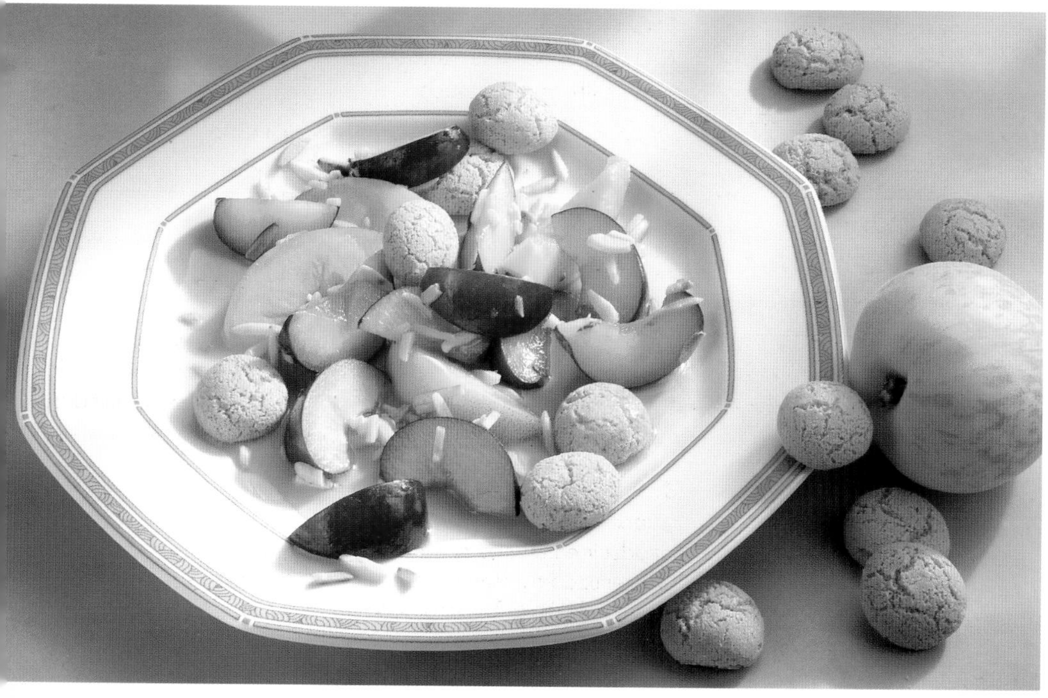

Ensalada de pera y manzana con salsa de miel

Ingredientes para 8 personas:

1 nuez de jengibre

2 limones

125 g de miel de tilo

600 g de peras de carne firme

600 g de manzanas rojas pequeñas, de sabor agrio

100 g de nueces peladas

Fácil

Por persona:
840 kj/200 kcal · 3 g de proteínas · 9 g de grasa · 29 g de hidratos de carbono

- Tiempo de preparación: 30 minutos

1. Pelar el jengibre y cortarlo en dados finos. Lavar los limones con agua muy caliente, secarlos, rallar la cáscara y exprimir el zumo.

2. Batir el jengibre con la cáscara y zumo de limón y la miel y calentarlo en un cazo hasta que la miel se diluya.

3. Lavar las peras y las manzanas y secarlas frotándolas. Cortarlas en cuartos, sacar las semillas y cortarlas en gajos finos. Introducirlas en la salsa de miel y mezclarlas bien.

4. Picar todas las nueces de forma gruesa y mezclarlas perfectamente con las frutas.

Jalea de uvas al champán

Ingredientes para 8 o 10 personas:

600 g de uvas (verdes o negras)

50 g de azúcar

1 sobrecito de azúcar avainillado

2 ramas de melisa

8 hojas de gelatina blanca

1/2 l de champán seco

Festiva
Preparar el día anterior

Para 10 personas, cada porción contiene:
460 kj/110 kcal · 2 g de proteínas · 0 g de grasa · 17 g de hidratos de carbono

- Tiempo de preparación: 40 minutos
- Tiempo de gelatinado: Durante la noche.

1. Lavar las uvas, secarlas, cortarlas a la mitad y sacarles las pepitas con un cuchillo. Mezclarlas con el azúcar y el azúcar avainillado. Lavar la melisa, escurrirla y cortar las hojitas en tiras finas. Mezclarlas con las uvas.

2. Remojar la gelatina en agua fría, según las instrucciones del envase. Seguidamente, y sin escurrirla, ponerla en una cazuela pequeña y desleírla a fuego suave.

3. Mezclar el champán cuidadosamente con la gelatina verter un poco en una terrina de 1 litro y meter al frigorífico hasta que se empiece a cuajar.

4. Escurrir las uvas recogiendo el jugo, añadirlo al champán y remover bien. Rellenar la terrina con las uvas, rociarlas con el champán sobrante, tapar la terrina y dejarla en el frigorífico durante la noche para que cuaje la gelatina.

5. Para servirlo introducir ligeramente la terrina en agua caliente y luego volcar el contenido en una fuente. Cortar en trozos con mucho cuidado utilizando un cuchillo muy afilado.

Sugerencias

- Puede adornarse con un copete de nata semi-montada, azucarada, o con crema.
- También puede prepararse esta jalea en una fuente profunda y servirse en la misma.

En la parte inferior: ensalada de pera y manzana con salsa de miel
En la parte superior: jalea de uvas al champán

Título original:
Fürs Buffet
Traducción:
Mª del Carmen Vega Álvarez

© 1993 Gräfe und Unzer GmbH, München, y
EDITORIAL EVEREST, S. A.
Carretera León-La Coruña km 5 - LEÓN
ISBN: 84-241-2369-7
Depósito Legal: LE: 687-1996
Printed in Spain - Impreso en España

EDITORIAL EVERGRÁFICAS, S. L.
Carretera León-La Coruña km 5
LEÓN (ESPAÑA)

Angelika Ilies

Esta experta escritora de temas culinarios, nació en Hamburgo y desde sus comienzos se dedicó con especial atención a la cocina rápida y a la realización de menús apropiados para celebraciones, tanto informales como serias. Parte de su carrera se desarrolló en Londres, y su estilo se vió influenciado por las peculiaridades de ésta cocina. Como redactora de varias revistas especializadas en Alemania susuconocimientos se han ido ampliando día a día y una muestra de ello es el presente libro.

Odette Teubner

Debe su formación como fotógrafa a su padre, el internacionalmente conocido pc su gran labor en fotografía, Christian Teubner. Actualmente trabaja en su estudio de fotografía culinaria «Fotostudio Teubner», y en sus ratos libres s dedica al retrato infantil, utilizando preferentemente com modelo a su hijo.

Dorothee Gödert

Licenciada en fotografía en varias escuelas técnicas francesas y suizas, desarrolló er Princeton (EE UU) su faceta de fotógrafa especializada en temas culinarios alcanzando grandes éxitos en su profesión así como un gran renombre internacional. Desde Abril de 1988 desarrolla su trabajo en e Fotostudio Teubner.